La Expiación Vicaria a través de Cristo

Louis Berkhof

McAllen, Texas
www.editorialdoulos.com

Editorial Doulos
2024 N 10th St
McAllen, Texas 78501
www.editorialdoulos.com
editor@editorialdoulos.com

Publicado originalmente con el título *Vicarious Atonement Through Christ* ©1936 Wm. B. Eerdmans Publishing Company. A menos que se indique lo contrario, todas las citas bíblicas provienen de la Versión Reina Valera 1960.

Copyright © 2021
Traducido por Martín Bobadilla
Corregido por Rev. Valentín Alpuche
All rights reserved.
ISBN-13: 9781953911087

Editorial Doulos

☩

Estudios de Dogmática Reformada

CONTENIDO

	Prefacio	7
Capítulo 1	Una Doctrina Central en Eclipse	9
Capítulo 2	Teorías Históricas de la Expiación	19
Capítulo 3	El Momento Histórico para la Expiación	31
Capítulo 4	La Necesidad de la Expiación	43
Capítulo 5	La Expiación en Relación con la Ley de Dios	53
Capítulo 6	La Expiación en Relación con el Pacto de la Redención	61
Capítulo 7	La Expiación y la Obra Sacerdotal de Cristo	69
Capítulo 8	La Naturaleza Objetiva de la Expiación	84
Capítulo 9	La Naturaleza Vicaria de la Expiación	98
Capítulo 10	Los Modos Pasados y Futuros de la Expiación	113
Capítulo 11	Los Efectos Subjetivos de la Expiación	127
Capítulo 12	El Diseño Restringido de la Expiación	138
Capítulo 13	Consideraciones a las Objeciones de la Doctrina de una Expiación Limitada	152
	Literatura Selecta	169

Prefacio

╬

Para algunos este pequeño tratado sobre la expiación parecerá indudablemente la voz de un pasado distante y olvidado, extrañamente fuera de lugar en el mundo moderno. No pueden concebir que alguien todavía crea en la doctrina de la expiación sustitutiva de Cristo. ¿No se nos dice repetidamente que ningún hombre sensible cree esta doctrina hoy día? ¿No afirma Ballard que «todas las nociones de apaciguar a un Dios enojado, o de satisfacer la justicia divina, son paganas», y ni siquiera un presbiteriano escocés como David Smith relega esta doctrina al limbo de las antigüedades teológicas? ¿No se ha vuelto de moda ignorarla en el púlpito e incluso expresar un horror a la «teología de la sangre»? ¿Y no los vientos de doctrina que soplan sobre nosotros a través de la radio representan una fuerte contracorriente?

Sin embargo, felizmente hay todavía un buen número que no adora en el santuario del espíritu moderno, que encuentra gozo y paz en la doctrina del sufrimiento y muerte vicarios de Jesucristo, y que se continúa gloriando en la «insensatez de la cruz». Para ellos este libro puede probablemente ser de alguna utilidad. Puede promover una mejor comprensión de esta doctrina central de la redención. Puede en algunos casos fortalecer y profundizar la convicción de que la doctrina penal sustitutiva es la única doctrina escritural de la expiación. Y puede ayudar a algunos a defender su posición frente a aquellos que cuestionan esta doctrina e incluso audazmente renuncian a ella. El libro se envía como un testimonio de la verdad de la obra expiatoria de Jesucristo, con la oración de que el Señor de la Iglesia bendiga el mensaje que transmite, y así pueda cada vez más «ver la aflicción de su alma y quedar satisfecho».

L. Berkhof.

Capítulo 1
Una Doctrina Central en Eclipse

La expiación es central en la religión cristiana
El cristianismo es preeminentemente una religión de redención. Procede con base en la suposición de que la relación del hombre fue perturbada por la entrada del pecado al mundo, y que el actual desarrollo natural de su vida es tan anormal que, abandonado a sí mismo, solo puede terminar en la destrucción eterna. Y nos enseña que Dios no permite al pecado seguir su libre curso y conllevar a toda la raza humana a su ulterior ruina. Trae un mensaje de reconciliación y ofrece una vía de escape de la devastación del pecado y de su poder destructivo, y este camino es el camino de la cruz. Reconciliación a través de la expiación por el sacrificio redentor de Jesucristo.

La doctrina de la expiación siempre se ha considerado como central en la religión cristiana y como la misma esencia de la teología. Ha sido llamada «la parte principal de nuestra salvación», «el ancla de la fe», «el refugio de la esperanza», «el corazón del evangelio», «la piedra angular de la religión cristiana», etc. Robert S. Frank dice en su valiosa *History of the Doctrine of the Work of Christ*, I, pág. 5: «Porque ¿dónde en todo el sistema doctrinal existe una sola doctrina como esta que sea más un microcosmos del todo? La doctrina de 'los efectos salvadores de la encarnación, vida, pasión, muerte y resurrección de Cristo' es, de hecho, una miniatura de todo el cristianismo y, ciertamente, ha sido tratada más de una vez en la historia de la iglesia como incluyendo prácticamente todo el cristianismo». Incluso los modernos teólogos liberales a menudo hablan de ella como una verdad central y esencial, aunque difieren ampliamente en su concepción de la interpretación que la iglesia de todas las edades ha dado a esta importante verdad.

La doctrina de la expiación vicaria en la iglesia

Podemos incluso ser un poco más específicos. La doctrina de la expiación vicaria o sustitutiva siempre formó un elemento importante en la fe de la iglesia, y es la única visión de la expiación incorporada en sus confesiones históricas. Es cierto que la obra de Cristo no siempre fue interpretada de la misma manera, y que distintos períodos de tiempo a menudo produjeron un cambio de énfasis. Las doctrinas de la iglesia no se encontraban formuladas con precisión en la Escritura, sino que fueron el resultado de le reflexión de la iglesia sobre la verdad. No se aprehendieron por completo inmediatamente, y no se desarrollaron al mismo tiempo. Las doctrinas de la Trinidad, de la persona de Cristo, y del pecado y la gracia se formularon mucho antes de la doctrina de la obra redentora de Cristo.

Puntos de vista de los padres de la iglesia

Los puntos de vista de los primeros padres de la Iglesia solo pueden recopilarse de expresiones casuales y parciales de la verdad, las cuales carecen de precisión y, en ocasiones, son incluso contradictorias. Hablan de Jesús alternativamente como el redentor de la ignorancia y la miseria, o del pecado y del mal. Su énfasis particular suele corresponder al mal del cual estaban más profundamente conscientes y del cual buscaban ansiosamente liberación. Algunos enfatizan el hecho de que Cristo trajo una nueva revelación de Dios y de este modo disipó la ignorancia del hombre. Otros dan prominencia a la idea de que Él comunicó nueva vida al hombre y, en cierto sentido, deificó la naturaleza humana. E incluso otros enfatizan el pensamiento de que Él cargó con la pena del pecado y, por lo tanto, redimió al hombre de la esclavitud espiritual. Una vez más, algunos encuentran el gran hecho redentor principalmente en la encarnación, y otros lo perciben sobre todo en los sufrimientos de la muerte de Cristo. En muchos casos, estas ideas son colocadas una al lado de la otra por los mismos autores sin ninguna síntesis adecuada.

Sin embargo –y este es el punto para señalar– desde el mismo principio la idea estaba presente en la literatura cristiana de que la muerte de Cristo era sacrificial, expió el pecado, y efectuó la reconciliación entre Dios y el hombre. Esta idea se expresó a veces en la forma peculiar de que Cristo pagó un rescate al diablo, pero estaba ahí y fue claramente muy persistente. Adquiere definición y precisión en el *Enquiridión* de Agustín, donde se afirma explícitamente que los hombres estaban bajo la ira de Dios, y que la muerte de Cristo sirvió para apaciguar a Dios y de este modo reconciliar a Dios y el hombre. Su declaración está libre de ambigüedad. Gregorio Magno resalta con mayor claridad el aspecto relacionado con Dios, la naturaleza sacrificial y vicaria, y el efecto salvador de la expiación a través de la muerte de Cristo. Enfatiza el hecho de que solo el sacrificio de Cristo, como el de un hombre sin pecado, puede expiar el pecado de la raza humana. El escritor francés Riviere habla de un pasaje en sus obras como «la síntesis más completa de la (antigua) teología latina de la expiación».

Anselmo sobre la expiación

Sin embargo, el honor de presentar por primera vez la doctrina de la satisfacción de Cristo en una forma más o menos completa, le corresponde a Anselmo. Su *Cur Deus Homo* (Por qué Dios se hizo hombre), aunque pequeña, fue una obra que verdaderamente hizo época y contenía casi todos los elementos de una teoría de la satisfacción real. Anselmo enfatizó la seriedad del pecado como una violación del honor de Dios, fundamentó la necesidad de la expiación en la misma naturaleza del ser divino, consideró la muerte de Cristo como la única satisfacción adecuada posible del honor divino, y claramente enseñó que los méritos de Cristo le fueron acreditados al hombre. Pero, aunque fue una excelente construcción de esta doctrina, también tuvo algunos serios defectos. Basó la necesidad de la expiación en el honor más que en la justicia de Dios, colocó la carga completa de la expiación en la muerte de Cristo, como si su vida no contara, no hizo justicia al carácter penal del sacrificio supremo, y representó la transferencia de los méritos del Redentor al pecador en una forma más bien externa, exponiendo así su teoría a la crítica expresada con el nombre de «Teoría Comercial». La concepción de Anselmo de la expiación siguió siendo el punto de vista dominante en la escolástica posterior, aunque no siempre fue adoptada sin modificación, y en ocasiones incluso apareció en combinación con elementos de la visión de Abelardo.

Los reformadores sobre la expiación

Los reformadores continuaron moviéndose en la dirección general señalada por Anselmo, aunque difiriendo de él en algunos puntos. No fundamentaron clara y explícitamente la necesidad de la expiación en la naturaleza interna de Dios —aunque su construcción la favorece— sino parecen fundamentarla en el decreto divino. Además, remediaron algunos de los defectos de la teoría de Anselmo. Consideraron la expiación como una satisfacción de la justicia más que del honor de Dios, enfatizaron la naturaleza penal de los sufrimientos y muerte de Cristo, atribuyendo significado expiatorio también a la vida del Redentor, y señalaron claramente que los frutos de su obra son mediados a los pecadores a través de la unión mística y apropiados por fe. El punto de vista penal sustitutivo de la expiación se volvió la doctrina oficial de la iglesia y se encuentra en todas las grandes confesiones históricas de la cristiandad. Es y continúa siendo hasta nuestros días el corazón del evangelio de Jesucristo. No se puede cambiar por otro punto de vista sin introducir un evangelio que no es el evangelio.

La oposición a la doctrina de la expiación vicaria

Sin embargo, es un hecho triste que la doctrina penal sustitutiva de la expiación no sea tan popular como merece. Hubo una fuerte oposición a ella desde los días de Anselmo. Abelardo enfrentó su teoría de la influencia moral contra el punto de vista de Anselmo, y Duns Scoto con su teoría de la *acceptilatio* fortaleció la oposición. Después de la reforma, Fausto Socinio lanzó un ataque aparentemente bastante formidable contra la doctrina de los reformadores y ofreció un sustituto para ella en su teoría del ejemplo. La dialéctica aguda se enlistó para establecer una teología pobre. Grocio salió ostensiblemente en defensa de la doctrina de la satisfacción en su famosa defensa de la fe católica con respecto a la satisfacción de Cristo, una obra caracterizada por la sutileza, agudeza y un gran saber. Sin embargo, en realidad solo logró tomar un camino intermedio entre la doctrina de los reformadores y la teoría sociniana. Su teoría gubernamental representó una posición a medio camino que no satisfizo a ninguna de las partes contendientes. Incluso los arminianos encontraron necesario modificar sus puntos de vista.

Bajo la influencia del racionalismo y de lo que a menudo se llama «el espíritu científico moderno», la doctrina de la expiación vicaria gradualmente perdió su influencia en los corazones y mentes de un número cada vez mayor, y fue suplantada por otros puntos de vista en la enseñanza, no solo en las iglesias sin credo, sino incluso en algunas que afirman adherirse a una o más de las grandes confesiones históricas. En la introducción a la obra de Remensnyder *The Atonement: And Modern Thought*, pág. XVI, el Dr. Warfield dice: «Probablemente la mayoría de aquellos que son oficiales de la iglesia han roto definitivamente con la doctrina de la expiación sustitutiva». La llaman poco ética, contradictoria y subversiva de la verdad. En la teología de Nueva Inglaterra se revivió la teoría gubernamental de la expiación. Esta teoría, dice el Dr. Warfield, para citar una vez más de la misma introducción, pág. XVII, «ha llegado a ser la visión arminiana ortodoxa y se enseña como tal por los principales exponentes del pensamiento arminiano, ya sea en Gran Bretaña o en Estados Unidos... Pero no solo es, por lo tanto, prácticamente universal entre los arminianos wesleyanos. También se ha vuelto la marca del partido No-Conformista en Gran Bretaña y del congregacionalismo en Estados Unidos. Tampoco ha fallado en apoderarse del presbiterianismo escocés, y en el continente europeo está muy extendido entre los maestros más cuerdos».

Pero incluso esta teoría no marca el último paso en la nota descendente. Conserva al menos una apariencia de objetividad, es decir, la idea de que Dios requirió alguna satisfacción, para que pudiera perdonar el pecado, una idea que es repugnante para aquellos que enfatizan la paternidad de Dios y consideran el amor como la perfección que controla todo el ser divino. Durante mucho tiempo ha habido una inclinación decisiva en la dirección de la teoría de la influencia moral, que primero fue defendida por Abelardo. Tratados como los de Frederick Denison Maurice, John Young, Mcleod Campbell y Horace Bushnell, no dejaron de llamar la atención del público y de ganar el favor de la gente. Son incluso más enfáticos que la teoría de Grocio al hacer al arrepentimiento del hombre el verdadero hecho expiatorio y la única condición para el perdón. El secreto de su popularidad yace exactamente en su construcción puramente ética de la doctrina de la expiación.

Muchos tratados importantes se han escrito durante la segunda parte del siglo anterior para detener la matea del subjetivismo sobre la expiación tales como las obras de A.A. Hodge, W. Symington, G. Smeaton, T.J. Crawford, R. Dabney, y otros. Indudablemente han retardado en algo el proceso de deterioro, pero no han tenido éxito en cambiar el rumbo. La doctrina de la expiación vicaria está en descrédito hoy día. Incluso un escocés como David Smith escribe: «De hecho, todavía persiste, pero su vitalidad se ha ido: está marchita como un árbol arrancado de raíz. Lo que sucedió en períodos anteriores de transición se representa una vez más ante nuestros ojos. Al igual que St. Bernard se aferró a la obsoleta teoría del rescate y se negó a dejarla ir, imaginando que su abandono implicaba una negación de la verdad que expresaba de manera tan imperfecta, por lo que algunos ahora, inconscientes del nuevo orden, se contentan con la vieja fórmula, mientras que otros, reconociendo su insuficiencia, trabajan para rehabilitarla y reajustarla, poniendo así vino nuevo en odres viejos. Es un intento vano. La teoría forense pertenece a una época pasada. Ha pasado, como sus antecesoras, al limbo de las antigüedades teológicas; y la tarea de la fe no es galvanizar el pasado muerto, sino dar la bienvenida al nuevo orden y reinterpretar la antigua verdad y recomendarla a la mente moderna». *The Atonement in the Light of History and the Modern Spirit*, pág. 124.

¿A dónde nos llevará este espíritu moderno? ¿Dónde terminará finalmente en su interpretación de la expiación? Su tendencia evidente es privarnos por completo de nuestro «único sumo sacerdote», y dejarnos a un gran maestro de moral a quien no aplican las categorías del sacerdocio. Enfatiza la importancia redentora de la vida de Cristo, y luego hace que los intentos de encontrar algún significado liberador en su muerte sean más bien dolorosos y lamentables. Si bien continúa hablando de expiación, realmente vacía este término de todo significado verdadero. Los fragmentos lamentables que nos deja de la doctrina de la expiación se pueden ver mejor en trabajos tales como *The New Theology* de Campbell, *A Theology for the Social Gospel* de Rauschenbusch y *The Atonement and the Social Process* de Shailer Mathew.

En vista de la importancia central de la doctrina de la expiación en la religión cristiana, de la tendencia generalizada a hacerla ética y despojarla de su naturaleza objetiva y vicaria, y de su virtual negación en muchos círculos, un estudio del tema a la luz de la Escritura y con referencia a las concepciones de hoy día se vuelve de vital importancia.

Capítulo 2
Teorías Históricas de la Expiación

╬

La expiación en los primeros padres

Para una comprensión apropiada de la siguiente discusión es altamente deseable una breve exposición de las distintas teorías de la expiación. Como se indicó en el capítulo previo, los primeros padres contribuyeron muy poco a la construcción de esta doctrina. Frecuentemente expresaron la idea bíblica general de que el amor obligó a Cristo a sufrir y morir por los pecadores, y, especialmente en el período más temprano, generalmente se limitaron al lenguaje de la Escritura. Y cuando los padres del segundo, tercer y cuarto siglo comenzaron a hablar en términos más específicos sobre la obra de Cristo, sus declaraciones no siempre concordaron. En ocasiones enfatizaron el hecho de que Cristo apareció como el Logos para transmitir una revelación plena de la verdad al hombre y para darle un ejemplo de verdadera virtud. Por otra parte, al menos algunos de ellos enseñan que Cristo se dio a sí mismo como rescate a Satanás para la liberación del hombre, y luego escapó de las garras del diablo por el poder de su divinidad. En algunos casos conciben el pecado como un poder maligno en vez de una culpa, y hablan de Cristo como liberando al hombre de la sensualidad y la mortalidad, e impartiéndole verdadera santidad y el don de la vida eterna. Y, finalmente, también expresan la idea de que Cristo sufrió y murió como un sustituto del hombre, para liberarlo del poder de la culpa y la contaminación, y para obtener para él el perdón de los pecados, la completa santificación y la bienaventuranza eterna.

Teorías contrastadas

En el período escolástico, la idea de Cristo como rescate para Satanás murió gradualmente, pero las concepciones místicas, éticas y judiciales de su obra salvadora se repiten. Las dos últimas, presentadas en distintas formas en el curso de la historia, resultaron ser las más persistentes. Se convirtieron más y más en teorías rivales antagónicas. La defensa del punto de vista ético considera al pecado principalmente como ignorancia, como corrupción ética, y como un poder maligno, mientras que los defensores de la teoría judicial la consideran sobre todo como una culpa a la vista de Dios. La primera fundamenta la necesidad de la expiación –en la medida que sea necesaria– en las discapacidades intelectuales y morales del hombre, mientras que la segunda infiere su absoluta necesidad de la misma naturaleza de Dios. Una vez más, la primera concibe la expiación como completamente subjetiva, es decir, dirigida exclusivamente a la reconciliación del pecador con Dios, mientras que la segunda sostiene que es totalmente objetiva, y como tal se dirige principalmente a la reconciliación de Dios con el pecador y solo secundariamente a la reconciliación del pecador con Dios.

La teoría de la satisfacción o comercial de Anselmo

Anselmo de Canterbury fue el primer erudito en ofrecer una teoría más completa de la expiación hacia el cierre del siglo once. El propósito de su breve tratado, *Cur Deus Homo*, fue establecer la absoluta necesidad de la expiación. Su suposición fundamental fue que el hombre al pecar ofendió el honor de Dios. Ahora Dios puede castigar al hombre o exigirle satisfacción. Debido a que la primera alternativa habría involucrado la destrucción del hombre, la obra de Dios, Él escogió la segunda, para que el hombre pudiera salvarse. La satisfacción exigida era una satisfacción infinita, que ningún hombre podía ofrecer y, por lo tanto, se hizo necesario para el Hijo de Dios volverse hombre, para satisfacer el honor divino. El Dios-hombre no podía dar a Dios la satisfacción requerida consagrándole su vida, puesto que ya se lo debía a Dios por sí mismo. Solo podía hacerlo sometiéndose voluntariamente a los sufrimientos y la muerte, porque como un ser sin pecado no estaba obligado a sufrir y morir. El don así ofrecido a Dios fue de un valor infinito y, por lo tanto, requería una recompensa. Dado que el Hijo de Dios, que ya poseía todas las cosas, no necesitaba nada para sí mismo, transfirió la recompensa al pecador en la forma de redención. De este modo, la obra de Cristo beneficia al hombre.

Teoría de la influencia moral de Abelardo

Este punto de vista de Anselmo encontró una oposición considerable. El mayor de sus oponentes inmediatos fue Abelardo, uno de los más agudos y sutiles escolásticos. Mientras que la concepción de Anselmo de la expiación fue judicial y objetiva, la de Abelardo era ética y subjetiva. Su postulado fundamental es que Dios podía haber perdonado el pecado sin la pasión de Cristo, simplemente por el arrepentimiento del pecador. En respuesta a la pregunta, que surge naturalmente en este punto, ¿por qué Dios envió a su Hijo al mundo para sufrir y morir?, él dice que Dios dio a los hombres pecadores la suprema manifestación de su amor al enviar a su Hijo, y particularmente en el hecho de que el Unigénito del Padre asumió nuestra naturaleza humana y perseveró en instruirnos tanto en palabra como en hecho hasta la muerte. Esta manifestación del gran amor de Dios tiende a despertar una respuesta amorosa en el corazón del pecador y de este modo promueve un verdadero arrepentimiento y pavimenta el camino para el perdón de los pecados. Por eso Abelardo sostiene que dos beneficios proceden de la pasión de Cristo, a saber: (1) el perdón de los pecados, y (2) la libertad de los hijos de Dios, es decir, una vida de obediencia voluntaria a Dios. Sin embargo, el orden de los dos se invierte en la lógica de su esquema. En este esquema la idea principal no es la de alguna satisfacción dada a Dios, sino la de una impresión moral hecha en el hombre.

Punto de vista de Tomás de Aquino, teoría de la *Aceptación* de Duns Scoto

En el período que siguió inmediatamente a los días de Anselmo y Abelardo, teólogos tales como Bernardo de Claraval, Buenaventura, Hugo de San Víctor, Pedro el Lombardo, Alejandro y otros, por lo general buscaban combinar elementos tanto de la teoría de Anselmo como la de Abelardo. Esto también es cierto de Tomás de Aquino, el gran maestro de la teología católica romana. En vista del hecho de que Dios podría haber permitido al hombre caído morir en sus pecados, niega la absoluta necesidad de la expiación, aunque la considera como una vía adecuada para la redención. Al mismo tiempo admitió que era posible hablar de la expiación como necesaria, porque Dios decidió no solo salvar al hombre sino también que se debía obtener la satisfacción adecuada.

Cristo ofreció una satisfacción suficiente e incluso superabundante por los pecados de la humanidad, y esa satisfacción se reconoce a los que creen en virtud de su unión mística con Cristo. Duns Scoto fue más allá que Tomás de Aquino en negar la necesidad de la expiación. No vio necesidad de ello y la atribuyó simplemente a la voluntad arbitraria de Dios. Si Dios hubiera querido, un ángel o un hombre sin pecado podría también haber obrado la redención para la humanidad. También negó el valor infinito de la expiación de Cristo y sostuvo que Dios misericordiosamente la aceptó como suficiente por el pecado del hombre. De ahí que su teoría se llame teoría de la aceptación o de la aceptación de la expiación.

Los reformadores y la teoría de la sustitución penal

De una forma general, las enseñanzas de los reformadores están en línea con la de Anselmo. Como él, tienen una concepción judicial de la expiación y la consideran como una satisfacción rendida a Dios, mediante la cual se reconcilia con el hombre, y que desemboca en el perdón de los pecados y en la renovación de la vida. Sin embargo, los reformadores difieren de Anselmo en algunos detalles importantes. No hablan de una necesidad absoluta, sino más bien hipotética de la expiación en virtud del decreto divino. No obstante, esto no significa que están en acuerdo con Duns Scoto, porque no reconocen una voluntad arbitraria de Dios, sino solo una voluntad que es determinada por todas sus perfecciones.

A diferencia de Anselmo, afirman que Cristo rindió satisfacción a la justicia más que al honor de Dios, y logró esto tanto por su obediencia activa como por la pasiva, para utilizar una expresión más común, tanto por su vida como por su muerte. Además, reconocen el carácter penal de los sufrimientos y muerte de Cristo, y no consideran a estos, a la manera de Anselmo, como un don de valor infinito dado a Dios.

Y, finalmente, mejoran la concepción de Anselmo por la manera en que las bendiciones de Cristo son comunicadas al pecador. Señalan que los méritos de Cristo son impartidos a los creyentes a través de la unión mística y son apropiados por fe. El punto de vista de los reformadores se volvió la doctrina oficial de las iglesias de la Reforma, que se encuentra en todos los grandes credos históricos.

Teoría sociniana del ejemplo

Mientras que la Reforma condujo a la formulación final de la doctrina de la sustitución penal de la expiación, el humanismo dio nacimiento a la teoría sociniana del ejemplo, que es todo lo contrario, lleva la marca de muchas herejías antiguas, y muestra especial afinidad con la posición crítica de Duns Scoto y su escuela. Socinio niega la necesidad de dar satisfacción por el pecado. No hay tal cosa como una justicia inherente a la misma naturaleza de Dios que la haría imperativa. Dios ejerce tanto una justicia punitiva como una misericordia de perdón a voluntad, sin ninguna restricción interna. Sin embargo, no puede ejercer ambas al mismo tiempo, de modo que, cuando el hombre transgrede la ley, podía castigarlo o mostrarle misericordia, pero no pudo hacer ambas. Si castigó el pecado en Cristo, no puede decirse que lo perdonó, y si perdonó el pecado, no puede decirse que lo castigó en Cristo.

Socinio cree que Dios perdona gratuitamente el pecado, y por lo tanto niega que Cristo brindó satisfacción por el pecado. La gran importancia de la obra de Cristo yace en esto: en que nos dio una revelación perfecta de la voluntad de Dios, por su ejemplo señaló el camino de una obediencia verdadera que surge en la vida, y Él mismo por su perfecta obediencia obtuvo el poder de dar vida eterna a los pecadores. Esta teoría está construida sobre principios pelagianos, no contiene ningún elemento objetivo, y enfatiza el poder redentor de la vida más que de la muerte de Cristo. De hecho, no da en absoluto una declaración convincente de la importancia redentora de la muerte del Salvador.

La teoría gubernamental de Grocio

Grocio, el renombrado jurista holandés, se comprometió a defender la fe ortodoxa frente a Socinio, pero solo logró marcar un camino entre la posición de los reformadores y la teoría de Socinio. Encuentra el error fundamental de esta teoría en el hecho de que representa a Dios no solo como un Señor soberano, sino también como una parte ofendida o como un acreedor, y sostiene que solo es adecuado considerarlo como el supremo gobernador del mundo. Y cuando este supremo gobernante del universo castiga el pecado, no lo hace en virtud de su justicia inherente o de la ley natural, sino en razón de una ley positiva, que es el efecto de su voluntad, y es, por lo tanto, mutable. Dicha ley positiva es prescindible simplemente porque depende de la voluntad del Legislador. Si bien es justo que se castigue la transgresión de dicha ley, esto no es una exigencia absoluta de rectitud judicial.

La ley puede relajarse y remitirse la pena si esto resulta ser en interés del gobierno moral del mundo. Y esto es exactamente lo que sucedió en el caso en consideración. Sin embargo, el castigo no se canceló simplemente, ya que Cristo fue castigado por los pecados del hombre.

Grocio habla de Cristo como haciendo «algún pago» en lugar de una completa satisfacción. Sin embargo, ocasionalmente habla de Cristo como dando satisfacción, aunque esta idea apenas encaja en su sistema de pensamiento. Dios castigó el pecado en Cristo, para mostrar su odio por el pecado. El propósito no fue satisfacer la justicia, sino disuadir a los hombres del pecado, y de este modo asegurar los intereses del gobierno moral del mundo. Algunos escritores, tales como Dale, Miley y Creighton afirman que esta teoría sostiene la naturaleza objetiva de la expiación, pero esto difícilmente es correcto, ya que encuentra el propósito de la obra de Cristo, no en la satisfacción de la justicia, sino en su influencia disuasoria sobre los hombres.

El punto de vista arminiano de la expiación

Aunque Grocio pertenecía al partido arminiano, no se puede decir que los arminianos de su época adoptaran su teoría en su totalidad. Están de acuerdo con él en que no hay ningún principio de justicia en Dios que haga absolutamente imperativa la ejecución de la pena amenazada, y sostienen que el Gobernante del universo es libre de sustituir la pena por otra cosa. Al mismo tiempo, no consideran los sufrimientos y la muerte de Cristo simplemente como un ejemplo penal, sino, en cierta medida, como un sacrificio que no fue una completa satisfacción del pecado, sino una mera sustitución de la pena, que implica una relajación de la ley. Como los sacrificios del Antiguo

Testamento, era simplemente la *conditio sine qua non* (la condición indispensable) más que la base del perdón de los pecados. Otro punto importante en el que se diferencian de los reformadores se refiere al alcance de la expiación. Creen que la expiación en Cristo estaba destinada, no solo a los elegidos, sino a cada individuo de la raza humana.

El punto de vista penal sustitutivo de la expiación fue incorporado en las grandes confesiones históricas tanto de las iglesias luteranas como de las iglesias calvinistas, y fue vigorosamente defendida por muchos teólogos prominentes. En este punto Quenstedt y Turretin se unieron, al igual que los anglicanos Hooker y Pearson y el gran puritano, John Owen. Sin embargo, Baxter favoreció la teoría gubernamental de Grocio. Esta teoría también se volvió la doctrina de la expiación de Nueva Inglaterra. Durante mucho tiempo los teólogos simplemente repitieron las diversas teorías que se desarrollaron en el pasado.

La teoría mística de Schleiermacher

Sin embargo, en Schleiermacher nos encontramos con un punto de vista nuevo, que ha sido llamado la teoría mística de la expiación. Este gran teólogo, frecuentemente llamado «el padre de la teología moderna», rechaza la doctrina de la satisfacción penal a través de los sufrimientos y muerte de Cristo, y la sustituye por una teoría de la expiación mediante la encarnación. Él halla la esencia de la religión en el sentimiento, más específicamente, en el sentimiento del hombre de la presencia de Dios dentro de él, o su consciencia de Dios. Esta consciencia de Dios está destinada a permear y controlar la consciencia inferior del hombre, pero es constantemente oprimida y frustrada en su desarrollo por la consciencia inferior. Dejado a sí mismo, el hombre no puede superar esta oposición. Es exactamente en este punto que Jesús viene en ayuda del hombre.

Él es el ideal u hombre arquetipo, en quien la consciencia de Dios controlaba la consciencia inferior desde el principio. Él es realmente una nueva creación, pero todavía verdadero hombre. Entra a la raza humana y se convierte en nueva levadura en la humanidad. Por su influencia personal, ejercida a través del canal histórico de la iglesia. Libera la consciencia de Dios en aquellos que se unen a la iglesia de la dominación de la consciencia inferior y, de este modo, los hace como Él mismo. De manera mística transforma y salva a los hombres. Toda esta teoría subjetiva recuerda en algo a los puntos de vista expresados por Ireneo y Atanasio entre los padres de la iglesia primitiva. Edward Irving, el gran predicador inglés, defendió un punto de vista similar, pero mientras que Schleiermacher consideró a Jesús como sin pecado desde el mismo principio de su vida, Irving sostuvo que Jesús tenía que purgar su propia naturaleza humana de pecado antes de que pudiera influenciar las vidas de los demás.

La teoría de Campbell sobre el arrepentimiento vicario

Otra teoría que representa una nueva idea central es la de McLeod Campbell. Este teólogo escoces tuvo gran respeto por la doctrina penal sustitutiva de la expiación, pero la consideró como deficiente en el sentido de que era demasiado legal y no reflejaba suficientemente el amor de Dios. Encontró su verdadera señal, así parece, en una admisión de Edwards de que el perfecto arrepentimiento de parte del hombre habría valido como expiación, si el hombre hubiera sido capaz de hacerlo, lo cual no fue así. Por lo tanto, rápidamente hizo del arrepentimiento el elemento central en la expiación. Sostiene que Cristo ofreció a Dios, en representación de la humanidad, el arrepentimiento requerido, y de este modo cumplió la condición del perdón. Así que el elemento central en la obra de Cristo realmente consistió en una confesión vicaria de pecados en representación del hombre. Esto naturalmente lleva a la pregunta de cómo los sufrimientos y muerte de Cristo están relacionados con esta confesión vicaria. Y la respuesta es que por sus sufrimientos y muerte Cristo entró compasivamente en la condenación del pecado del Padre, reveló lo abominable del pecado, y de esta forma condenó al pecado. Estamparon la confesión de Cristo como una confesión genuina, la cual involucra una verdadera concepción del pecado. Por tanto, el Padre aceptó su confesión como una perfecta confesión de nuestros pecados. Además, esta condenación del pecado en la cruz de Cristo está calculada para producir en el hombre la santidad que Dios demanda.

Ninguna teoría moderna de la expiación

Podríamos considerar los puntos de vista de otros escritores más recientes sobre la expiación, pero no lo consideramos necesario para nuestro propósito. Fundamentalmente, las concepciones de la expiación que se encuentran en escritores tales como Bushnell, Ritschl, Moberly, Denney, Stevens, Rauschenbusch, Smith, Harnack, Gladden, Shailer Mathews, y otros, pueden ordenarse bajo las categorías antiguas. Realmente no agregaron un tipo nuevo a las teorías ya existentes, sino que simplemente ofrecen nuevas y, en ocasiones, sugerentes observaciones de las ya discutidas anteriormente. El Dr. Warfield está en lo correcto cuando dice que en realidad no existe tal cosa como una teoría moderna de la expiación.

Capítulo 3
El Momento Histórico para la Expiación

☩

Se admite generalmente que el momento histórico para la expiación se encuentra en la entrada del factor perturbador del pecado en el mundo, y en la separación resultante entre el hombre y su Dios. Sin ello, una expiación no solo sería innecesaria sino también imposible. Toda teoría de la expiación, desde el rescate para Satanás hasta la teoría del ejemplo o la construcción más liberal de la teoría de la influencia moral, procede del supuesto de una separación nefasta entre el hombre y Dios.

La concepción del pecado determina el punto de vista de la expiación

Sin embargo, esto no significa que cada una de las teorías defendidas presuponga la misma concepción del pecado. La teoría de la expiación de Anselmo no podría haberse construido sobre la base de la visión pelagiana del pecado, ni la teoría de Abelardo sobre la base de la doctrina de Agustín del pecado. Tal como el diagnóstico de una enfermedad por parte de un médico determina qué medicina prescribirá para controlar y contrarrestar sus estragos, así la concepción del pecado del teólogo tendrá una influencia determinante sobre su punto de vista de la obra de la redención de Dios en Cristo. En el tiempo presente existe un alejamiento generalizado del punto de vista del pecado de Agustín. Su concepción prevaleciente es fundamentalmente pelagiana o semipelagiana. Moxon juzga que la afirmación de que «todos somos hoy semipelagianos» no está tan lejos de la verdad, «ya que está en estrecha armonía con las tendencias del pensamiento moderno». *The Doctrine of Sin*, pág. 13. Sin embargo, algunos, de hecho, han ido más allá del semipelagianismo y han superado incluso al mismo Pelagio en su volatilización del concepto del pecado. Y esta es una de las razones por la cual la teoría penal sustitutiva de la expiación encuentra poco favor en la teología moderna.

Naturalmente, no podemos discutir la doctrina del pecado en todos sus detalles en este breve tratado sobre la expiación. Lo más que aquí se puede intentar es una declaración precisa de los puntos sobresalientes de las enseñanzas escriturales sobre el pecado, particularmente en la medida en que se relacionan con la construcción de la doctrina de la obra expiatoria de Jesucristo. Es cierto que, sea cual sea el servicio auxiliar que la ciencia pueda darnos en el estudio del tema, solo la Biblia puede darnos información absolutamente confiable con respecto al origen del pecado en la raza humana, la universalidad del pecado, su verdadera naturaleza, y sus terribles consecuencias. Muchos puntos merecen especial énfasis.

El Pecado tiene un origen voluntario; negación del origen voluntario del pecado

El pecado tiene un origen voluntario en la raza humana, y solo puede considerarse como un alejamiento voluntario de Dios. Esto debe mantenerse en oposición a todos aquellos sistemas de pensamiento, desde el antiguo dualismo de los griegos hasta la teoría moderna evolucionista, que lo representan como un mal necesario. En el antiguo dualismo filosófico, el principio del mal es representado como eterno. Leibniz ve el pecado como algo que es inevitable, ya que es el resultado inevitable de la necesaria limitación de los seres finitos. Hegel lo ve como algo que no es absolutamente malo, sino relativamente bueno, y que marca un paso necesario en la transición del hombre desde un estado de inocencia a un estado de virtud. Sin el pecado, el hombre no podría haberse convertido en un ser moral. Esto está completamente en línea con la teoría de la evolución, que también hace del pecado un paso necesario en el proceso cósmico, una imperfección que el hombre está destinado a superar con el paso del tiempo. Tennant, de hecho, busca combinar este punto de vista con la idea de que el pecado tiene un origen voluntario, pero su intento no puede considerarse exitoso, ya que no explica cómo la teoría de la evolución puede permitir algo como el libre albedrío en el hombre. Moxon también es de la opinión de que en la teoría moderna del pecado la idea de que el pecado es el resultado de la elección ilimitada del hombre debe armonizarse con la visión evolutiva del hombre, y busca hacerlo de la manera indicada por Tennant. Sin embargo, parecería que Harnack tuvo toda la razón para pensar, como lo hizo, que estos dos puntos de vista opuestos no pueden reconciliarse.

Punto de vista escritural del origen voluntario del pecado

Si el pecado es un mal necesario y, por lo tanto, no tiene cualidad moral, e incluso puede ser un paso en la dirección correcta, una «búsqueda de Dios», como lo llamó una vez J.R. Campbell, es difícil ver cómo requeriría necesariamente la expiación. La Biblia nos da una visión completamente distinta del pecado, representándolo como una desobediencia voluntaria, como un alejamiento voluntario de Dios, y, por lo tanto, como un mal ético. Adán fue puesto a prueba por el mandato probatorio y no pasó la prueba. Al comer del fruto prohibido claramente mostró que no estaba dispuesto a someter su voluntad a la de Dios. Desobedeció y cayó, y se le consideró directamente responsable por su caída. Como resultado de su desobediencia, la naturaleza humana fue corrompida y el hombre se volvió esclavo del pecado. Pero incluso en la esclavitud resultante él peca, no bajo compulsión, sino voluntariamente y es considerado responsable por sus acciones pecaminosas. La Biblia testifica de esto en cada página al registrar los castigos impuestos a los pecadores, por lo que puede considerarse superfluo referirse a pasajes particulares. Estas enseñanzas de la Escritura están confirmadas por el testimonio de la consciencia al emitir un juicio de condenación sobre las obras malvadas del hombre. Y este testimonio de la consciencia es universal. Encuentra su expresión filosófica en el punto de vista de Kant del imperativo categórico. Este filósofo reconoció un mal radical (raíz) en el hombre y mantuvo su carácter moral, pero fue incapaz de dar una explicación racional de su origen. Si hubiera estado dispuesto a aceptarlo, habría encontrado la solución al problema en la Palabra de Dios.

Pérdida del sentido del pecado

El pecado no es simplemente algo negativo, una imperfección en la vida humana, sino una transgresión positiva de la ley de Dios que hace que el hombre esté sujeto a castigo. El pecado es antes que todo, culpa, y solo en segundo lugar, contaminación. Es un hecho triste, y un hecho del que eruditos tanto ortodoxos como liberales testifican, que la gente ha perdido, en un grado alarmante, el sentido del pecado. Sin embargo, algunos modernistas se apresuran a asegurarnos que la pérdida no está exenta de compensaciones. Si bien la gente ha dejado de pensar en el pecado en abstracto, han aprendido a fijar sus mentes indudablemente en los pecados en lo concreto; ya que han perdido el sentido del pecado (el pecado como una unidad, el pecado original), han ganado el sentido de los pecados (actos pecaminosos, pecados reales).

Pero estos pecados, como los ven, son simplemente

aberraciones individuales, que deben ser tratados por separado por el psiquiatra, el psicólogo o el sociólogo, según sea el caso. El hecho de que el pecado es una unidad, un poder dominante en la vida humana es ampliamente ignorado por un número cada vez mayor. Están dispuestos a admitir que el hombre peca frecuentemente, y en algunos casos habitualmente, pero no están dispuestos a ver que está en un estado pecaminoso. Esto significa que no creen en el pecado original, sino solo en los pecados concretos que resultan de la elección deliberada de la voluntad individual. Por lo tanto, niegan que el pecado pueda ser tratado como una unidad y siempre insisten en la cura de pecados individuales y concretos. Son como el doctor que lucha contra los síntomas de la enfermedad y olvida todo sobre la causa subyacente, la enfermedad misma. Si su punto de vista es correcto, y no hay solidaridad del pecado, es difícil ver cómo la doctrina escritural de la expiación pueda sostenerse.

La interpretación social del pecado

Pero la negación va más allá de eso y repudia la concepción histórica del pecado como una transgresión de la ley moral. La iglesia siempre ha insistido en definir el pecado con referencia a Dios y su ley, pero la teología moderna enfatiza la necesidad de interpretarlo socialmente. De hecho, a veces se introduce la idea de la relación del hombre con cualquier tipo de Dios que pueda existir, pero generalmente como una idea tardía. El pecado es sensualidad, o egoísmo, o no estar a la altura de la ley del propio ser o de las obligaciones sociales propias, o simplemente una acción anormal, y así sucesivamente– y como tal, por supuesto, también es pecado contra Dios, el Dios inmanente, nuestro yo superior, o «la corriente de tendencia por la cual todas las cosas se esfuerzan por cumplir la ley de su ser». La naturaleza del pecado como culpa generalmente se suaviza o se niega. Los escritores modernos nos aseguran confiadamente que no existe o no puede existir tal cosa como una culpa original. La idea expresada en el *New England Primer*:

«En la caída de Adán
Todos pecamos»,

se considera como pura ficción. Los hombres no pueden considerarse responsables por el pecado del primer hombre, sino solo por sus transgresiones personales. Muchos incluso niegan que el hombre es responsable por sus propios pecados, ya que estos son el resultado de su animalismo heredado o del mal ambiente en que vive. Sin embargo, algunos sostienen que es culpable en la medida en que ignora el sentido moral en su presente etapa de desarrollo y no subordina su vida a los fines éticos y sociales del reino de Dios. Pero incluso así no siempre admite que los pecados concretos del hombre son transgresiones de la ley moral y, por lo tanto, lo hacen responsable de la pena legal positiva de la ley. Algunos de ellos no reconocen la ley moral como un estándar absoluto, y niegan que el pecado sea negligencia o descuido de algún deber que está legalmente obligado a cumplir. El pecado no es culpa en el sentido de estar sujeto al castigo. Y si esto es cierto, luego una expiación sustitutiva está naturalmente fuera de discusión, porque la culpabilidad inherente o el mal comportamiento no puede transferirse de una persona a otra.

El punto de vista escritural del pecado como propensión al castigo

En oposición a la teología moderna debería mantenerse que el pecado es culpa en el sentido específico de la palabra, como propensión al castigo legal. Solo puede eliminarse soportando la pena que la ley ha fijado para el pecado. Esta es claramente la doctrina de la Escritura. Jehová le dijo al hombre cuando lo colocó en el jardín de Edén: «más del árbol de la ciencia del bien y del mal no comerás; porque el día que de él comieres, ciertamente morirás», Génesis 2:17. El pecado es considerado como culpabilidad, exponiendo al hombre a una pena legal. El hombre pecó y la muerte entró al mundo de la humanidad: «el pecado entró en el mundo por un hombre, y por el pecado la muerte, así la muerte pasó a todos los hombres, por cuanto todos pecaron», Romanos 5:12. Esto no significa que la muerte vino como resultado natural del pecado, sino en virtud del justo juicio de Dios, cpág. versículos 16 y 18. Y cuando Pablo dice en Romanos 6:23: «la paga del pecado es muerte», no quiere decir que el pecado naturalmente mata al hombre, sino que lo pone bajo una sentencia de muerte. Esto queda perfectamente claro a partir de la conexión. Juan dice: «Todo aquel que comete pecado, infringe también la ley; pues el pecado es infracción de la ley» (1 Juan 3:4), lo que claramente muestra que considera el pecado en su relación con la ley. Además, debe tenerse en mente que la Escritura utiliza a menudo la palabra «pecado» como metonimia para referirse a la culpa real o a la propensión al castigo. De este modo, el profeta Jeremías después de criticar a la gente por sus pecados y predecir que Jehová liberará a su pueblo, dice: «En aquellos días y en aquel tiempo, dice Jehová, la maldad de Israel será buscada, y no aparecerá». ¿Esto significa que el pueblo estará libre de pecado? Claro que no, simplemente significa que sus pecados no les serán ya contados, como el mismo Señor dice: «porque perdonaré a los que yo hubiere dejado», Jeremías 50:20. Se puede hacer referencia a otros pasajes en que el Señor habla de no imputar pecado. El poeta canta en el Salmo 32: «Bienaventurado aquel cuya transgresión ha sido perdonada, y cubierto su pecado. Bienaventurado el hombre a quien Jehová no culpa de iniquidad», Salmo 32:1, 2. Y Pablo dice que «Dios estaba en Cristo reconciliando consigo al mundo, no tomándoles en cuenta a los hombres sus pecados», 2 Corintios 5:19.

El pecado somete al hombre a condenación, el castigo no es meramente el resultado natural del pecado. El pecado somete al hombre a una sentencia de condenación. Después de lo dicho anteriormente, difícilmente parecería necesario enfatizar este punto, si no fuera porque algunos están tan ansiosos por despojar a la doctrina del pecado de todos elementos forenses o legales que niegan la existencia de cualquier castigo del pecado, excepto las consecuencias que resultan naturalmente de las acciones pecaminosas. Este punto de vista es sostenido por los universalistas de Nueva Inglaterra y los Unitarios, tales como J.F. Clarke, Thayer y Williamson, y también por algunos modernistas recientes. Insisten que hay una conexión orgánica entre el pecado y los malos resultados que se derivan de él. La justicia es simplemente la operación de la ley divina por el cual el pecado se convierte en su propio castigo. Washington Gladden dice: «el castigo del pecado, como enseña la nueva teología, consiste en las consecuencias naturales del pecado... En primer lugar, el hombre que se entrega a esta disposición egoísta (el pecado es considerado como egoísmo, L.B.), lo encontrará fortaleciendo su dominio sobre él; esta es una ley de la mente, y se manifiesta en su experiencia... También hay consecuencias sociales, de gran importancia, en las que no puedo detenerme... Se asume generalmente que el dolor o el sufrimiento de algún tipo es el castigo por el pecado. A menudo trae sufrimientos como su consecuencia, pero eso no siempre es cierto, y no es de ninguna manera la peor consecuencia del pecado... Existe, de hecho, una consecuencia natural del pecado, del cual la mayoría de nosotros tenemos conocimiento. Esa es el remordimiento, el doloroso recuerdo del mal cometido... Y si ese es el castigo del pecado, verás, por supuesto, que nadie puede soportarlo en tu lugar». *Present Day Theology*, págs. 79–81. Si esta teoría es correcta, el pecado jamás puede eliminarse por el perdón, sino solo por un proceso ético. Los pecados pasados, por supuesto, siguen siendo lo que son, y el castigo por el pecado solo puede eliminarse quitando el pecado mismo. Sus defensores van en contra de muchos pasajes de la Escritura cuando niegan que Dios esté siempre enojado con el hombre, y no impone castigo judicial sobre él, 2 Reyes 17:18; Salmos 2:12; Miqueas 5:15. ¿Puede considerarse la transformación de la esposa de Lot en un pilar de sal como una consecuencia natural de su pecado; la destrucción de las ciudades de la llanura como el resultado natural de la maldad de sus habitantes, o la ruina sobre el grupo de Coré como el resultado natural de su insurrección? ¿Era de esperarse en vista de sus respectivos pecados que Giezi se volviera leproso, Herodes fuera comido por gusanos, y Elimas, el hechicero, debiera ser afectado con ceguera física? Y ¿no enseñan claramente los siguientes pasajes que Dios castiga directamente a los malvados?: Salmo 11:16; 75:8; 78:49; 89:32; Proverbios 21:12; 24:20; Isaías 1:24, 28; Mateo 3:10; 24:51. Además, según esta teoría muchos que son inocentes son castigados junto con los malvados, aunque no han cometido pecado del que resulte naturalmente el castigo, y el pecador respetable, que siente remordimiento por su pecado, recibe un castigo mayor que el criminal endurecido que no tiene remordimiento de consciencia.

No cabe duda de que, según la Escritura, el pecado somete al hombre a una sentencia de condenación, lo hace objeto de la ira de Dios, y lo hace susceptible al castigo judicial. Es, por supuesto, cierto que existen malas consecuencias del pecado, que pueden llamarse castigos en un sentido general y bastante vago de la palabra. No se limitan a los culpables y no siempre están a la altura de las transgresiones. Sin embargo, la Biblia habla de los hombres como si estuvieran bajo condenación por naturaleza y como «hijos de ira», y habla de Dios como un «Dios que de ninguna manera librará al culpable».

Capítulo 4
La Necesidad de la Expiación

☩

La necesidad de la expiación en la historia temprana

Ahora surge la cuestión de si la expiación era necesaria o podría haberse dispensado por completo. ¿Era un prerrequisito necesario para la obra de reconciliación y redención, o Dios pudo haber redimido al hombre independientemente de cualquier expiación real? Sobre este punto ha habido considerables diferencias de opinión desde los días de Anselmo. Este padre de la iglesia enfatizó la absoluta necesidad de la expiación basado principalmente en el honor de Dios, aunque también no sin dejar de tomar en cuenta la justicia de Dios. Su gran oponente, Abelardo, por otro lado, afirmó que Dios podría haber otorgado el perdón independientemente de cualquier castigo por el pecado. Muchos escolásticos posteriores compartieron los puntos de vista de Anselmo, pero los presentaron con menos consistencia. Tomás de Aquino negó en cierto sentido la absoluta necesidad de la expiación, pero consideró este método de redención como el mejor medio para dar expresión tanto a la misericordia como a la justicia de Dios a la vez. Duns Escoto fue más allá que Tomás en sus negaciones. Sostuvo que, tal como la obra de redención no era necesaria en general sino contingente, la expiación también simplemente dependía de la voluntad arbitraria de Dios. No hay nada en la naturaleza de Dios que requiera expiación.

Los reformadores sobre la necesidad de la expiación

Respecto a la opinión de los reformadores sobre este asunto existe una considerable diferencia. Ritschl dice que se propusieron deducir «la absoluta inevitable necesidad de la satisfacción de Cristo a partir del universo moral, que es solidario con la voluntad esencial de Dios». El Dr. Orr sigue a Ritschl en este punto en su *Progress of Dogma*, pág. 237. Pero esta afirmación, que podría aplicarse a los grandes teólogos protestantes del siglo XVII, es demasiado amplia, si no incorrecta, con respecto a los reformadores, aunque parezca estar garantizada por algunas de sus declaraciones. El director Frank parece estar más cerca de la verdad, cuando dice que Lutero, Zuinglio y Calvino evitaron la doctrina de Anselmo de la absoluta necesidad de la expiación y le atribuyeron solo una necesidad relativa o hipotética basada en la voluntad soberana y libre de Dios o, en otras palabras, en el decreto divino. Esta opinión la comparte Seeberg, Mozley, Stevens, Mackintosh, Bavinck y otros. Sin embargo, esto aparece más claramente en las obras de Calvino que en las de Lutero. Se dice frecuentemente que la influencia de Duns Escoto sobre los reformadores aparece en este punto; pero no sería correcto asumir que concibieron la voluntad de Dios como una voluntad arbitraria, independiente de su carácter moral. Repudiaron la idea de que la voluntad de Dios estaba determinada por cualquier cosa fuera de Él mismo, pero al mismo tiempo la consideraron actuando, en virtud de una necesidad interna, en armonía con todo su ser interno y con todos sus atributos. Consúltese especialmente las notas de Warfield en su *Calvin and Calvinism*, págs. 155, 156.

Pero mientras los reformadores solo disputaban por una «necesidad hipotética», como la llama Turretin, una necesidad basada en el decreto divino, consideraron el método de reconciliación por expiación como la forma más adecuada, ya que salvaguarda la justicia y la santidad de Dios. Los grandes teólogos luteranos y reformados del siglo XVII no dudaron en mantener la absoluta necesidad de la expiación y la fundamentaron en el ser de Dios mismo. Consideraron la ley que el hombre transgredió, no como un simple mandamiento positivo dependiente de la voluntad de Dios, sino como la expresión inmutable de la voluntad esencial de Dios, y concibieron la justicia punitiva de Dios, no como una cualidad accidental sino esencial de Dios por la cual está obligado a infligir el castigo debido a los malhechores. Tanto Socinio como Grocio negaron que hubiera algo en la naturaleza de Dios que hiciera a la expiación necesaria, mientras que los arminianos no estaban completamente de acuerdo con este punto. Los defensores de la así llamada influencia moral y las teorías místicas de la expiación niegan el hecho de una expiación objetiva, y, por lo tanto, también por implicación niegan su necesidad. Con ellos la expiación se vuelve simplemente una reconciliación efectuada al cambiar la condición moral del pecador. Muchos sienten que el estupendo hecho de que Cristo murió garantiza la necesidad moral de lo que prometió hacer, pero rechazan hablar de la necesidad legal, o de «una necesidad antecedente de sufrimiento, que conduce a una posterior demostración de misericordia».

La teología reformada sobre la necesidad de la expiación

Si bien hay algunos teólogos reformados, tales como Zanchi y Twisse, que siguieron a Calvino en atribuir a la expiación solo una necesidad hipotética, resultante del decreto divino de perdonar sobre ninguna otra condición, la teología reformada en general muestra una decidida preferencia por el otro punto de vista. Considera la expiación como absolutamente necesaria, y la fundamenta particularmente en la justicia de Dios, esa perfección moral del ser divino, en virtud de la cual necesariamente mantiene su santidad frente al pecado y el pecador, e inflige el castigo necesario sobre los transgresores. Esta es también la posición de nuestros estándares confesionales, *Catecismo de Heidelberg*, pregunta 40, y los *Cánones de Dort*, II, Art. 1. Parecería ser la clara enseñanza de la Escritura que Dios, en virtud de su justicia y santidad divinas, que no puede tolerar el pecado y ciertamente no puede simplemente pasar por alto el desafío a su infinita majestad debe visitar el pecado con castigo. Habacuc se dirige a Dios con las siguientes palabras: «Muy limpio eres de ojos para ver el mal, ni puedes ver el agravio», Habacuc 1:13. Dios odia el pecado con odio divino, todo su ser reacciona contra él, Salmo 5:4-6; Nahúm 1:2; Romanos 1:18. Pablo argumenta en Romanos 3:25-26 que era necesario que Cristo fuera ofrecido como un sacrificio expiatorio por el pecado, para que Dios pudiera ser justo mientras justificaba al pecador. Lo importante fue que la justicia de Dios debía mantenerse. Esto claramente apunta al hecho de que la necesidad de la expiación se sigue de la naturaleza divina. Además, parecería encontrar una prueba adicional en la grandeza del sacrificio que se trajo. Dios dio a su Hijo unigénito por el pecado del mundo. Dice el Dr. Hodge: «Este sacrificio sería dolorosamente irrelevante si fuera algo menos que absolutamente necesario en relación con el fin destinado a ser alcanzado, es decir, a menos que fuera realmente el único medio posible para la salvación de los hombres pecadores. Dios seguramente no habría hecho de su Hijo un sacrificio gratuito hasta un punto de pura voluntad». *Atonement*, pág. 237. También es digno de notar que, según el argumento de Pablo en Gálatas 3:21, Cristo no habría sido sacrificado, si la ley hubiera podido dar vida. «Nada es más fácil», dice Brunner, «que caricaturizar las declaraciones de la Biblia y del cristianismo sobre los sufrimientos penales de Cristo de tal manera que detrás de estas 'teorías' parezcamos percibir la figura de algún monarca oriental sediento de sangre, o de alguna divinidad oriental primitiva, con sus antojos y caprichos. Pero en realidad la soberanía absoluta de Dios es el presupuesto de esta revelación, y, dondequiera que se albergue la idea de un 'Dios democrático', no habrá una comprensión inteligente del significado de la Cruz». *The Mediator*, pág. 470.

Negar esta necesidad involucra negar la justicia punitiva de Dios

Aquellos que niegan la necesidad de una expiación sustitutiva penal, por implicación también rechazan la estricta justicia punitiva de Dios, en virtud de la cual Él debe castigar necesariamente el pecado. En una etapa comparativamente temprana de la historia de la doctrina ya sintieron la necesidad de atacar o de reinterpretar la concepción usual de la justicia de Dios. Socinio negó la existencia de una justicia punitiva inherente en Dios y la consideró como un simple efecto de la voluntad de Dios. Grocio afirmó, de hecho, su presencia en Dios, pero negó que necesariamente exija una satisfacción penal adecuada. La voluntad de Dios, guiada por la sabiduría, puede intervenir entre el atributo de justicia y sus efectos. Los arminianos comparten esta opinión. Y en nuestro día los oponentes de la doctrina de la satisfacción penal virtualmente toman la misma posición, aunque por lo general la expresan de forma diferente. Es muy común entre ellos suponer que el amor es la perfección central y todo controladora de Dios, y que su justicia debe interpretarse a través de su amor. En otras palabras, su amor determina la medida en que ejerce la justicia. Esta no es sino otra manera de negar el carácter inherente y absoluto de la justicia de Dios. Hace que la justicia de Dios dependa del amor divino, y, por lo tanto, de la voluntad divina. Se busca apoyo para este punto de vista en la declaración escritural de que «Dios es amor». Pero que esta afirmación no significa que Dios es esencialmente solo amor es muy evidente del hecho de que la Biblia también dice, «Dios es luz» y «nuestro Dios es fuego consumidor». Además, Dios no podría ser amado en el sentido absoluto y verdadero de la palabra, si no fuera también justo. Su amor sería como el de Elí por sus hijos malvados, y este amor es condenado en las páginas de la Santa Escritura.

Objeciones a esta necesidad; Dios inferior al hombre

Un par de objeciones requieren una breve consideración aquí. A veces se dice que, según este punto de vista de la expiación, Dios es realmente inferior a los hombres buenos. Éstos pueden amar y perdonar libremente a quienes les hacen daño, y a menudo lo hacen, pero Dios, desde este punto de vista, no puede ejercer amor por el pecador antes de recibir satisfacción. Pero esta objeción no logra discernir que Dios no puede ser simplemente comparado con un individuo privado, que puede olvidarse sin injusticia de sus agravios personales. Él es el juez de toda la tierra, quien en esa capacidad debe mantener la ley y ejercer una estricta justicia. Un juez no puede simplemente ignorar la ley y absolver al culpable que se le presente. No importa qué tan generoso puede ser como individuo privado, debe asegurarse que la ley siga su curso. Además, esta objeción tampoco toma nota del hecho de que, cuando el hombre había caído en pecado, no era metafísica ni moralmente necesario que Dios abriera un camino por el cual el pecador pudiera escapar de la ruina total. No estaba obligado a trazar y ejecutar un camino de redención. Con perfecta justicia podía haber dejado al hombre en su perdición elegida. No tenía obligación de salvar a uno solo. Y el fundamento para su determinación de redimir a un buen número de la raza humana caída, y en ellos a la raza misma, solo puede encontrarse en su buena voluntad. Este amor por el pecador no se despertó por ninguna consideración de satisfacción, sino fue completamente soberano y libre. La Escritura nos enseña que aquellos que son salvos deben su salvación en último análisis a la buena voluntad de Dios. El mediador mismo fue un regalo del amor del Padre, un don que naturalmente no podía depender de la expiación. Además, Dios mismo realizó la expiación en Jesucristo. Puede llamarse un don de Dios al hombre. «Porque de tal manera amó Dios al mundo, que ha dado a su Hijo unigénito, para que todo aquel que en él cree, no se pierda, más tenga vida eterna», Juan 3:16. «En esto se mostró el amor de Dios para con nosotros, en que Dios envió a su Hijo unigénito al mundo, para que vivamos por él. En esto consiste el amor: no en que nosotros hayamos amado a Dios, sino en que él nos amó a nosotros, y envió a su Hijo en propiciación por nuestros pecados», 1 Juan 4:9, 10. «El cual se dio a sí mismo por nuestros pecados para librarnos del presente siglo malo, conforme a la voluntad de nuestro Dios y Padre, a quien sea la gloria por los siglos de los siglos», Gálatas 1:4, 5. «En él asimismo tuvimos herencia, habiendo sido predestinados conforme al propósito del que hace todas las cosas según el designio de su voluntad, a fin de que seamos para alabanza de su gloria», Efesios 1:11, 12.

Cisma en la vida trinitaria

La primera objeción con frecuencia va de la mano con una segunda que encuentra expresión en las siguientes palabras de David Smith: «Coloca (la teoría penal de la satisfacción) un abismo entre Dios y Cristo, representando a Dios como un juez severo que insiste en la ejecución de justicia, y Cristo como un Salvador patético que se interpuso y satisfizo su exigencia legal y apaciguó su justa ira. No son uno ni en sus actitudes hacia los pecadores ni en el papel que desempeñan. Dios es propiciado, Cristo propicia; Dios inflige el castigo, Cristo lo sufre; Dios exige la deuda, Cristo la paga». *The Atonement in the Light of History and the Modern Spirit*, pág. 106. Esto significa que la doctrina sustitutiva penal de la expiación involucra un cisma o división en la vida trinitaria de Dios. Pero esta objeción también se basa en un malentendido, por el cual los partidarios de dicha doctrina pueden ser en parte culpables. No siempre enfatizan suficientemente la verdad a la que se llamó la atención anteriormente, de que toda la obra de la expiación se originó en la buena voluntad de Dios. Además, frecuentemente dan la impresión en su conversación privada y en su adoración pública que Cristo es el alfa y la omega de la obra de redención. Esta tendencia es muy marcada en la vida y adoración de los hermanos moravos, pero aparece con casi igual fuerza y persistencia en la actitud y ejercicio religioso de muchos otros, particularmente en nuestro país. Algunos de ellos se oponen franca y píamente a una religión teocéntrica e insisten en una cristocéntrica. Mientras cantan las alabanzas de Cristo en un himno tras otro, rara vez se elevan a las alturas de reconocer al Dios trino por su amor eterno y por su gracia ilimitada. Se detienen en la mediación y se olvidan por completo de la causa última de su salvación; podrían reflexionar provechosamente sobre algunos de los salmos del Antiguo Testamento, tales como los Salmos 16, 18, 23, 27, 34 y en pasajes del Nuevo Testamento como Lucas. 1: 47–50, 78; 2 Corintios 1: 3; 4:15; Efesios 1: 6; 2: 4 y así sucesivamente. El Dios trino proveyó gratuitamente la salvación de los pecadores. No había nada que lo restringiera. El Padre hizo el sacrificio de su Hijo, y el Hijo se ofreció voluntariamente a sí mismo. No hubo cisma en el ser divino. La causa última de la redención de los pecadores radica, no en una persona de la Trinidad, sino en el beneplácito soberano del Dios trino.

Capítulo 5
La Expiación en Relación con la Ley de Dios

☖

Expiación legal; negación del elemento legal

La doctrina penal sustitutiva de la expiación procede sobre el supuesto de que el pecado es en su misma naturaleza una transgresión de la ley de Dios y de este modo hace al hombre culpable. Por esa misma razón, el remedio propuesto para ello debe ser primero que todo un remedio legal. Este punto requiere una particular atención debido a su negación generalizada. La naturaleza forense de la expiación no encuentra el apoyo de los defensores de la influencia moral o de la teoría mística, porque no encaja con su pensamiento fundamental. Según Sabatier: «el defecto capital de la antigua teoría está en su carácter legal. El pensamiento cristiano de nuestro tiempo, por el contrario, se ha esforzado en elevar la doctrina de la expiación desde el punto de vista forense al ético». *The Atonement in Modern Thought*, pág. 213. Lyman Abbott hace la amplia declaración de que «ninguna teoría de la expiación puede ser correcta si la representa como un método para apaciguar la ira de Dios, o satisfacer su justicia, o cumplir los requerimientos de su ley, o se concibe como un sustituto para el castigo debido a la infracción de la ley». *Ibid.*, pág. 97s. Stevens expresa la opinión de que incluso «el más firme defensor de la sustitución y la propiciación no permitirá que se sostenga cualquier teoría legal o forense». *The Christian Doctrine of Salvation*, pág. 251. Además, dice él, «abandona la estricta teoría de la equivalencia penal de la expiación (como él piensa que todo hombre sensato hará naturalmente), y lógicamente terminará en la teoría moral». *Op. cit.*, pág. 432.

Enseñanzas escriturales sobre la relación del hombre con Dios

Cuando la Biblia representa al pecado como una transgresión de la ley, como lo hace repetidamente, la idea no es que sea una simple infracción de algún decreto de Dios, que sirvió para un simple propósito temporal y pueda ser cambiado en cualquier momento. La ley a la que se refiere es la Ley Moral de Dios, que en cuanto a su esencia se basa en la misma naturaleza de Dios, y es, por lo tanto, necesaria e inmutable. Es una ley que Dios no puede simplemente ignorar y apartar a voluntad, ya que es la expresión de su mismo ser. Cuando Dios creó seres morales, esta ley *ipso facto* (por ese mismo hecho) determinó las relaciones en las que ellos estarían hacia Él, y no los dejó determinarlas por sí mismos. El deber de la obediencia fue necesariamente impuesto sobre ellos.

Esto es perfectamente evidente del hecho de que Jesús representa la obligación de amar al Señor con todo el corazón, con toda el alma y con toda la mente, y al prójimo como a sí mismo, como la misma esencia de la ley. Decir que Dios podría haber requerido algo esencialmente diferente o podría haber exigido menos de sus criaturas morales, es suponer que Él podría haber perdido de vista el hecho de que es el bien supremo y que el hombre es el portador de su imagen. La justicia de Dios conlleva la seguridad de que su ley es eternamente correcta. El poeta canta de ella en el Salmo diecinueve como «perfecta», «recta» y «pura». Y Jesús testifica de la inmutabilidad de la ley cuando dice: «No penséis que he venido para abrogar la ley o los profetas; no he venido para abrogar, sino para cumplir. Porque de cierto os digo que hasta que pasen el cielo y la tierra, ni una jota ni una tilde pasará de la ley, hasta que todo se haya cumplido». Mateo 5:17, 18. Y, de nuevo: «Pero más fácil es que pasen el cielo y la tierra, que se frustre una tilde de la ley», Lucas 16:17. El menor elemento de la ley tiene más realidad y durabilidad que todo el universo. La ley es una transcripción de la voluntad de Dios para la regulación de las vidas de sus seres morales, y la voluntad de Dios no es una voluntad arbitraria, sino una voluntad que está determinada por, y está en perfecta armonía con, todas las perfecciones divinas. Esta verdad es negada por la Teoría Gubernamental de la expiación, porque según Grocio la ley no es algo inherente a Dios, ni es la voluntad de Dios, sino simplemente un efecto de su voluntad, una promulgación positiva, que es mutable y puede ser hecha a un lado. En todas las teorías morales se ignora la cuestión de la ley y sus demandas. Todos los elementos legales son tabúes: Dios no es un juez severo, sino un Padre amoroso, que trata amablemente con sus hijos descarriados. Si han transgredido contra Él, está muy dispuesto a olvidarlo, siempre que se vuelvan a Él con corazones arrepentidos. Incluso pondrá ascuas de fuego sobre sus cabezas, para inducirlos a decir: «me levantaré e iré a mi Padre».

Una ley moral conlleva una sanción penal

Otro punto que requiere un especial énfasis es que toda ley dictada para seres morales y responsables conlleva una sanción penal. Dicha ley exige obediencia y, en caso de transgresión, la imposición de un castigo. La justicia de Dios, que garantiza abundantes bendiciones para aquellos que obedezcan la ley, necesariamente inflige el castigo debido a los transgresores. Turretin dice correctamente: «Si existe un atributo como la justicia que pertenezca a Dios, entonces el pecado debe tener su merecido, que es el castigo». *Atonement of Christ*, pág. 19. Esto significa que el castigo del pecado es algo que es correcto y, por lo tanto, necesariamente sigue a la transgresión, y no algo que Dios arbitrariamente, o con vistas a un propósito específico agrega a la infracción de la ley. No se inflige porque sea algo que pueda disuadir al pecador de pecados adicionales, o que pueda ser instrumental al reformar su carácter o hábitos, o pueda salvaguardar los intereses del gobierno moral de Dios. La ley exige que el pecado sea castigado debido a su demérito inherente, independientemente de cualquier consideración adicional. Estos principios aplican no solo en lo divino sino también en la ley humana. La justicia exige el castigo del transgresor. Encuentra una fuerte expresión en las palabras de Creighton: «Una vez que admites el hecho de un precepto divino con su declaración de castigo, descartas la idea del perdón tan lógica y absolutamente como la extinción del sol, la luna y las estrellas, en el pensamiento, cubriría el mundo en una medianoche de muerte. Si el precepto es justo y el castigo es justo, la intervención de una prerrogativa anulando su ejecución sería injusta. Violaría un principio, principio que es la base de toda la ley, humana y divina, a saber, el principio de justicia. Las serias palabras del obispo Newman citadas al principio de este capítulo merecen repetirse y enfatizarse: «No existe el perdón en su gobierno; cuando su ley es violada, el sufrimiento debe ser soportado, ya sea por el infractor original o por un sustituto adecuado». *Law and the Cross*, pág. 46. Este principio es fundamental en todos aquellos pasajes de la Escritura que hablan de Dios como un juez justo, un juez que da a cada uno según sus méritos. «Yo Jehová, que escudriño la mente, que pruebo el corazón, para dar a cada uno según su camino, según el fruto de sus obras», Jeremías 17:10; cf. también Job 34:11; Salmos 62:12; Isaías 59:18. «El alma que pecare, esa morirá... y la impiedad del impío será sobre él», Ezequiel 18:20. «Más el que hace injusticia, recibirá la injusticia que hiciere, porque no hay acepción de personas», Colosenses 3:25.

No hay sustitución del castigo

Los defensores de la teoría gubernamental y los arminianos, que aceptan esta teoría en parte, sostienen que Cristo realmente no cargó el castigo del pecado, sino algo que sustituyó la pena. Grocio consideró perfectamente natural que el pecador debía ser castigado por su pecado, pero no consideró simple o universalmente necesario que debiera ser castigado con la pena correspondiente a su transgresión. En su opinión, la ley era relajada en este punto y la flexibilización realmente tuvo lugar en el caso de Cristo. Dios aceptó misericordiosamente algo más en lugar del castigo. Y debido a que Cristo no cargó el castigo por el pecado, difícilmente puede decirse que sus sufrimientos fueron penales, aunque Grocio en ocasiones habla de ellos como tales, y así son considerados por los arminianos. Si bien los teólogos reformados rechazan el punto de vista de Grocio como despectivo de la justicia de Dios, ellos no sostienen como regla general que Cristo sufrió una pena idéntica a la que habrían sufrido los pecadores como castigo de sus transgresiones. Esto estaba fuera de toda discusión, ya que habría requerido tantas vidas en Cristo como hay pecadores por quienes Él expió, y habría tenido que soportar algunas consecuencias del pecado, tales como muerte espiritual incluyendo el remordimiento por el pecado, que no podía y no experimentó. Sostienen que el cargó con un equivalente completo en el sentido estrictamente legal por los pecados de su pueblo. La sustitución de una persona divina y todo perfecta por los pecadores culpables, hizo una sustitución dentro de la pena no sólo posible, sino incluso necesaria, porque, como dice el Dr. Hodge: «La ejecución precisamente de los mismos sufrimientos (si hubiera sido posible) en la persona del Dios-hombre, ejecución que hubiera sido el castigo apropiado de la ley si hubiera sido ejecutado en las personas de los transgresores mismos, hubiera sido una injusticia escandalosa». *The Atonement*, pág. 66.

Imposible dejar la ley a un lado

La teoría de la expiación de Grocio nos lleva a otro pensamiento más. Según el eminente jurista alemán, Dios podría haber hecho a un lado toda la ley y abstenerse de infligir cualquier castigo por el pecado, y la razón por la que no hizo esto está en el hecho de que esto podría poner en peligro los intereses de su gobierno moral. Dios podría haber perdonado el pecado sin ninguna expiación en lo que respecta a la ley. La concepción de la ley de Grocio permite esta posibilidad. Pero si la ley es considerada como una expresión del carácter moral de Dios y, por lo tanto, como una revelación necesaria de la voluntad de Dios para la guía de sus criaturas morales se vuelve completamente imposible suponer que el Juez de toda la tierra podría haber perdonado el pecado si ninguna expiación adecuada. La ley, considerada idealmente, no conoce el perdón, el perdón no tiene lugar en un gobierno perfecto, a menos que se hayan tomado disposiciones especiales para asegurarlo. Dice Creighton: «Su gobierno (de Dios) es perfecto, y en un gobierno perfecto, perfecto en su constitución y perfecto en su administración, el perdón es imposible sin una expiación». Anticipó que algunos de sus lectores objetarían esto diciendo que «incluso los gobiernos civiles toman provisiones para el perdón», y que ciertamente «el gobierno divino es más misericordioso que el humano». Sin embargo, en respuesta a esta objeción procede a mostrar, citando a muchos juristas eminentes, que la prerrogativa del indulto albergada en varios funcionarios humanos no se basa en misericordia sino en justicia, y que «es un medio correctivo de justicia, y su utilidad se perdería si no fuera por la falta de justicia en algún lugar del curso de la ley». Este poder del perdón, por lo tanto, haya su justificación solo en la imperfección de la administración de la justicia humana, y no podría tener lugar en un sistema judicial perfecto. Y debido a que la administración de la justicia de Dios es perfecta, no tiene lugar ahí. En la economía divina no hay lugar para el indulto sin expiación. Cf. Creighton, *Law and the Cross*, págs. 34-42, *Armour, Atonement and Law*, págs. 107-114.

Capítulo 6
La Expiación en Relación con el Pacto de la Redención

La importancia de enfatizar la conexión

Es de la mayor importancia y, de hecho, muy esencial que la doctrina de la expiación sea considerada en conexión con otras doctrinas estrechamente relacionadas. La objeción común a la doctrina penal sustitutiva de la expiación, que es puramente legal y no tiene cargas éticas, difícilmente se plantearía, si se entendiera y se reconociera claramente que la expiación produce reconciliación, y que la reconciliación, a su vez, lleva consigo la seguridad de una redención completa y perfecta. De nuevo, la objeción de que Dios, según esta doctrina, inflige el castigo del pecado sobre el inocente mientras que permite que el culpable quede libre, pierde gran parte de su sentido cuando la unión entre Cristo y aquellos a quienes el Padre le ha dado es claramente entendida. La doctrina de la expiación no es sino una parte de todo el esquema de la redención y debe estudiarse como parte de esta gran categoría. La Biblia revela el hecho de que Dios trata con el hombre de una manera pactual y representativa, no solo en el pacto de obras sino también en el pacto de gracia. Legalmente trata con el grupo como con una persona individual. Adán fue la cabeza de la raza humana, no solo en un sentido biológico sino también legal. Representó a todos sus descendientes. Cuando pecó y de este modo contrajo culpa, todos se volvieron culpables en él. Pablo dice: «Así que, como por la transgresión de uno vino la condenación a todos los hombres», y «por la desobediencia de un hombre los muchos fueron constituidos pecadores», Romanos 5:18, 19. No se volvieron culpables en virtud de su descendencia biológica de Adán, sino solo en virtud del hecho de que él era su representante legal. La culpa real (propensión al castigo) no es una cualidad inherente sino una relación y, por lo tanto, no puede transmitirse de uno a otro por herencia sino solo por imputación. En virtud de que el hombre no cumplió con los requisitos de la transacción del pacto original, ahora podemos hablar no solo de los pecados de los descendientes individuales de Adán, sino también de su culpabilidad corporativa. Y es precisamente porque el pecado entró al mundo a través de un hombre, y que la culpa del pecado por lo tanto constituye una unidad, que fue posible eliminarla con un solo sacrificio expiatorio. E incluso así esto solo podría ser hecho sobre la base de una unión entre el Redentor y los sujetos de redención.

Es necesaria la unión entre Cristo y su Pueblo; unión con la humanidad por encarnación

Para que Cristo pudiera ser el Redentor de su pueblo, era necesario que fuera uno con ellos en un sentido representativo, como Adán fue uno con la raza humana. Y la Biblia testifica de dicha unidad en varios lugares. Incluso habla de Cristo como siendo uno con los hombres en más de un sentido. En virtud de la encarnación, comparte su naturaleza humana: «el verbo se hizo carne». Y esto fue absolutamente esencial para la obra de redención. El escritor de Hebreos dirige la atención a esto cuando dice: «Así que, por cuanto los hijos participaron de carne y sangre, él también participó de lo mismo, para destruir por medio de la muerte al que tenía el imperio de la muerte, esto es, al diablo, y librar a todos los que por el temor de la muerte estaban durante toda la vida sujetos a servidumbre», Hebreos 2:14, 15. Ya que el hombre pecó, el hombre tuvo que cargar el castigo del pecado. La idea de que un ángel podría haber hecho esto, como sostuvo Duns Escoto, no se recomienda a la razón humana, y tampoco es escritural. Pablo dice: «Porque por cuanto la muerte entró por un hombre, también por un hombre la resurrección de los muertos. Porque así como en Adán todos mueren, también en Cristo todos serán vivificados», 1 Corintios 15:21, 22. Pero el mero hecho de que el Hijo de Dios se hizo hombre, e incluso demostró ser un hombre sin pecado, por muy básico que fuera para la obra de la redención, no lo calificaba todavía para tomar el lugar de miles de personas y para efectuar su liberación del poder del pecado y la muerte. Para hacer eso, tenía que ser un hombre representativo, y la encarnación en sí misma no lo hizo eso más que la mera humanidad de Adán, *ipso facto*, lo hizo el representante de la raza humana.

La unión mística de Cristo con los creyentes

Existe otra unión de Cristo con los hombres que es muy prominente en la Escritura, una unión de una naturaleza más limitada, la unidad de Cristo con su pueblo, que se efectúa por el Espíritu Santo cuando regenera al pecador y lo dota con el don de la fe y, de este modo, lo capacita para apropiarse de todas las bendiciones de la salvación que están en Cristo. La unión mística así establecida es muy importante y siempre ha sido considerada como la fuente espiritual de toda bendición para los creyentes. Calvino la coloca en un primer plano, para dar la debida relevancia a la idea de que los creyentes reciben todas sus riquezas solo de, y en la relación viva, con Jesucristo. En la economía de la redención fue la voluntad del Padre que toda la plenitud de gracia y verdad habitara en Cristo, y que los creyentes recurrieran diariamente a Él para su sustento espiritual, para conocimiento y sabiduría, para vida y luz, para fuerza y coraje, para todas las bendiciones cristianas y para la esperanza de la inmortalidad. «Por cuanto agradó al Padre», dice Pablo, «que en él habitase toda plenitud», Colosenses 1:19. Y Juan completa la idea cuando dice: «Porque de su plenitud tomamos todos, y gracia sobre gracia», Juan 1:16. El mismo pensamiento encuentra expresión en Efesios 1:3: «Bendito sea el Dios y Padre de nuestro Señor Jesucristo, que nos bendijo con toda bendición espiritual en los lugares celestiales en Cristo». La cercanía de esta unión se indica claramente con las palabras de Pablo: «Con Cristo estoy juntamente crucificado, y ya no vivo yo, más vive Cristo en mí; y lo que ahora vivo en la carne, lo vivo en la fe del Hijo de Dios, el cual me amó y se entregó a sí mismo por mí», Gálatas 2:20. El apóstol estaba profundamente impresionado por la fecundidad y la bendición de esta unión que la frase «en Cristo» es una de las impresionantes características de sus escritos. Pero incluso esta unión, por importante que sea, no basta para explicar la posibilidad de la expiación de Cristo. Es en sí misma el fruto de su obra expiatoria, y sirve para mediar la aplicación de sus méritos. No es la unión legal que se requería, para que Cristo pudiera emprender y efectuar la redención de los pecadores.

La unión legal de Cristo con su Pueblo

Estamos en busca de otra unión más, una unión que proporciona una base legal real para la expiación, una unión enraizada en una transacción que haga a Cristo el representante legal, no de todos los hombres, sino de aquellos a quienes el Padre le ha dado. Sin dicha unión, Él no podría jamás haber servido como su sustituto, sus pecados jamás le podrían haber sido imputados, ni su justicia a ellos. Esta unión fundamental y absolutamente esencial fue establecida en el pacto de redención, la base eterna y prototipo del pacto de gracia. En este pacto eterno entre el Padre y el Hijo, el Hijo voluntariamente toma el lugar del pecador elegido, asume su culpa y se compromete a llevar el castigo del pecado y a merecer la vida eterna para los suyos, y el Padre se compromete a capacitarlo para su gran tarea por la operación del Espíritu Santo, y a concederle los frutos de la aflicción de su alma: una humanidad redimida.

Existen abundantes evidencias de dicha transacción voluntaria entre el Padre y el Hijo. Que Cristo como el representante de su pueblo fue una de las partes en un pacto con el Padre se desprende del paralelo que Pablo traza entre Adán y Cristo en Romanos 5: a través de uno vino el pecado y a través de otro la gracia, a través de uno la condenación y a través del otro la justificación. Jesús habla repetidamente de una tarea que el Padre le ha dado para que la haga, y enfatiza el hecho de que Él vino, no a hacer su voluntad, sino la voluntad del Padre que lo envió, Juan 5:30, 36; 6:38; 7:28, 29; y Salmo 40:7, 8 testifica de su disposición de hacer la voluntad del Padre al ofrecer un sacrificio más real que los del Antiguo Testamento. Habla de haber realizado la obra que el Padre le había dado, y sobre esa base reclama su recompensa, Juan 17:4, 5. Hace mención de aquellos que el Padre la ha dado y ahora espera, sobre la base del acuerdo efectuado, que serán glorificados, Juan 17:24. Además, incluso se refiere a un reino que el Padre le ha designado (literalmente, «hizo un pacto»), Lucas 22:29. Y solo es en vista del hecho de que no solo hay una unión vital, sino también legal entre Cristo y los creyentes o de todos aquellos que constituyen la nueva humanidad, que Pablo puede equiparar a Adán y Cristo, como hace cuando dice: «Porque por cuanto la muerte entró por un hombre (y la muerte no solo es simplemente el resultado, sino la paga del pecado), también por un hombre la resurrección de los muertos. Porque así como en Adán todos mueren, también en Cristo todos serán vivificados», 1 Corintios 15:21, 22; y de nuevo: «Porque así como por la desobediencia de un hombre los muchos fueron constituidos pecadores, así también por la obediencia de uno, los muchos serán constituidos justos», Romanos 5:19. Esto también explica cómo puede decir: «Al que no conoció pecado, por nosotros lo hizo pecado, para que nosotros fuésemos hechos justicia de Dios en Él», 2 Corintios 5:21.

Debe señalarse que en el pacto de redención Cristo se convirtió en el representante legal, no de todos los hombres, como Adán, sino solo de aquellos que el Padre le dio. Estos se designan de diversas maneras como «los hijos que Dios le ha dado», Hebreos 2:13, «la simiente de Abraham», v. 16, y «sus hermanos», v. 17. Solo por ellos intercede, Juan 17:9, y solo por ellos reclama la recompensa, v. 24. Si siempre esta limitación del pacto se hubiera tenido en cuenta, no habría habido mucha necesidad de discutir el alcance de la expiación. Se habrían entendido de inmediato que Cristo emprendió y terminó su obra de expiación por un número limitado, a saber, por aquellos que fueron escogidos en Él antes de la fundación del mundo, Efesios 1:14.

Capítulo 7
La Expiación y la Obra Sacerdotal de Cristo

Los oficios de Cristo

La expiación debe también ser estudiada en conexión con el oficio sacerdotal de Jesucristo. Si bien es perfectamente cierto que el Mediador funge en la obra de redención, no solo como sacerdote, sino también como profeta y rey, en su obra expiatoria se destaca preeminentemente como el gran Sumo Sacerdote. En la teología moderna liberal la doctrina de los oficios de Cristo no cuenta con gran favor. De hecho, a menudo brilla por su ausencia. Y si todavía se menciona, es generalmente con el propósito de señalar que la obra de Cristo no puede subsumirse bajo los tres oficios de Cristo, ya que es una unidad y no puede distribuirse de esa manera. Además, los términos «profeta», «sacerdote» y «rey», aplicados a Cristo, son a veces considerados solo como algunas descripciones figurativas de los distintos aspectos de la obra de Cristo. Cristo no es considerado un verdadero profeta, sacerdote y rey. No es de extrañar, por lo tanto, que muchas obras modernas sobre la expiación guarden silencio sobre el oficio sacerdotal de Cristo. El espíritu moderno es muy adverso al oficio de Cristo, pero está muy enamorado de la autonegación y autosacrificio de Jesús. E incluso así, no enfatiza su obra sacerdotal sino más bien profética.

Debe enfatizarse desde el principio que, según la Escritura Jesús es un verdadero sacerdote. Al contrario de los sacerdotes del Antiguo Testamento, que solo eran simples sombras y tipos, Él puede ser llamado el único sacerdote real. Fue revelado entre los hombres como la verdad (es decir, la realidad) de todas las sombras del Antiguo Testamento y, por lo tanto, también del sacerdocio veterotestamentario. Él es sacerdote según el orden de Melquisedec, y la superioridad de este orden, en comparación con el de Aarón, es claramente puesta de manifiesto en el séptimo capítulo de la epístola a los Hebreos. Es un error pensar que Él es un sacerdote solo en el sentido en que a los devotos del arte y la literatura en ocasiones se les llama sacerdotes. Esto es después de todo un uso incorrecto y completamente injustificado del término «sacerdote». La Biblia jamás lo emplea de manera tan arbitraria. Cuando Jehová juró: «Tú eres sacerdote para siempre según el orden de Melquisedec», Él constituyó al Mesías en un verdadero sacerdote.

La naturaleza del oficio sacerdotal

Si deseamos obtener una idea de la naturaleza del oficio sacerdotal, no podemos hacer nada mejor que ir a Hebreos 5:1, donde leemos: «Porque todo sumo sacerdote tomado de entre los hombres es constituido a favor de los hombres en lo que a Dios se refiere, para que presente ofrendas y sacrificios por los pecados». Este pasaje contiene una descripción más completa de la naturaleza de la obra sacerdotal. Varios elementos están indicados aquí.

El sacerdote tomado de entre los hombres, designado para los hombres

Cabe señalar antes que nada que el sacerdote se toma de entre los hombres. Esto es de gran importancia e incluso puede llamarse absolutamente esencial, ya que debe actuar con una capacidad representativa. A veces se dice correctamente que, mientras que el profeta viene a los hombres como el representante de Dios, el sacerdote se presenta a Dios como representante de los hombres. El sacerdote tenía que ser tomando de entre los hombres porque sus servicios simbolizaban la verdad de la expiación por el pecado del hombre, y porque tipificaba al hombre Jesucristo en su obra expiatoria. Cristo no podía haber servido como nuestro gran Sumo Sacerdote, si no hubiera sido hombre. Algunos afirman erróneamente que esta verdad es contradicha por Hebreos 7:28. El sumo sacerdote es designado por los hombres, es decir, en el interés o para beneficio de los hombres. Y recibe su nombramiento de Dios. Esto no se expresa en el pasaje considerado, pero es afirmado claramente en el versículo cuarto: «Y nadie toma para sí esta honra, sino el que es llamado por Dios, como lo fue Aarón» (N. del T. Hebreos 5:4). El Dr. Martin en su excelente obra sobre la expiación parecería estar ejerciendo una presión indebida sobre el plural «hombres» cuando infiere de su uso que la obra del sacerdote y, por implicación, también la obra de Cristo es un derecho personal desde el comienzo, es decir, busca promover los intereses espirituales de ciertas personas definidas, y no de la humanidad en general. No importa cuán cierto pueda ser este pensamiento en sí mismo —y encuentra abundante justificación en las Escrituras— difícilmente puede basarse en este pasaje de una manera convincente. Con toda probabilidad, el plural se usa simplemente para hacer que corresponda con el plural anterior, «tomado de entre los hombres, está designado para los hombres». El Dr. Martin parece estar interesado en encontrar aquí la idea de que Cristo desarrolló su obra para el beneficio de cierto número específico de hombres. Pero debe tenerse en cuenta que el autor de Hebreos no habla directamente de Cristo hasta que llega al quinto versículo. Sin embargo, el pasaje enseña claramente por implicación que Cristo fue divinamente señalado para el desempeño de una tarea oficial, un pensamiento que es desagradable para la teología liberal moderna.

La obra del sacerdote delante de Dios

El sacerdote es designado a favor de los hombres en

las cosas que pertenecen a Dios. Debe representar a los hombres delante de Dios. Cualquier negocio que tengan con Dios, él tiene que tramitarlo, cf. también 2:17. El negocio que es llamado a gestionar delante de Dios se describe en la declaración exegética «para que pueda ofrecer tanto dones como sacrificios por los pecados», cf. también 7:27; 8:3; 9:9; 10:10. El mismo pensamiento se expresa en Hebreos 2:17 en las siguientes palabras: «para expiar los pecados del pueblo». Sobre la base de estos pasajes podemos decir que era la tarea del sacerdote ofrecer sacrificios con el propósito de la propiciación. Esto no significa que su función era cambiar la disposición de Dios al ofrecer sacrificios expiatorios –una idea prominente en las religiones paganas– porque la disposición divina en sí misma no admite cambio, sino más bien que su tarea oficial era evitar el disgusto divino al interponer la sangre sacrificial entre Dios y el pecador como una cobertura del pecado. Esto establece el punto importante de que la obra del sacerdote se refería principalmente a Dios, un punto que es completamente ignorado e implícitamente negado por todas las teorías subjetivas de expiación. El defensor de estas teorías no solo ignora la referencia objetiva de la expiación de Cristo, sino que como regla positiva repudia la idea de que se presentó a sí mismo para Dios como un sacrificio de expiación o redención. Las observaciones del Dr. Martin sobre el uso del plural más que del singular en la expresión «por los pecados» nos parece más bien irrelevante, especialmente en vista del hecho de que el autor de Hebreos no duda en utilizar el singular «pecado» exactamente donde habla del sacrificio de Cristo, 9:26. Nótese también que Juan el Bautista presenta a Jesús como «el Cordero de Dios que quita el pecado del mundo», Juan 1:29. El pecado se manifiesta en una multiplicidad de pecados, y lo hizo especialmente en relación con la consciencia de los sacerdotes del Antiguo Testamento con quienes el escritor está comparando a Cristo, ya que generalmente traían sacrificios por pecados particulares.

Referencia personal a la obra de Cristo

Aunque la opinión de que la obra de los sacerdotes del Antiguo Testamento y, por lo tanto, también de la obra de Cristo, tenía una referencia personal y efectuó la expiación solo para ciertas personas definidas, o para un grupo definido y no para toda la humanidad, difícilmente puede basarse en los plurales «hombres» y «pecados» en Hebreos 5:1, es, sin embargo, una idea escritural. Los sacerdotes del Antiguo Testamento en la gran mayoría de los casos ofrecían sacrificios para ciertas personas específicas. En algunos casos lo hicieron por el sacerdocio o por la nación de Israel como un todo, pero jamás por todos los hombres o la humanidad. Los sacrificios se ofrecían por la nación en su carácter teocrático como simbolizando y tipificando al verdadero pueblo de Dios. Es significativo que no podían ser presentados por los pecados de individuos que, en efecto, terminaron su relación con la teocracia. En el Nuevo Testamento, el sacrificio de Cristo es representado en todas partes con relación a la iglesia. Él murió sacrificialmente por muchos, Isaías 53:11, 12; Mateo 20:28; 26:28; Hebreos 2:10; 9:28, por su pueblo, Mateo 1:21; Tito 2:14, por sus ovejas, Juan 10:11, 15 (cf. 26-29); Hebreos 13:20, por sus hermanos, Hebreos 2:11, por los hijos de Dios, Juan 11:52; Hebreos 2:13-15, por su iglesia, Hechos 20:28; Efesios 5:25, o por nosotros como creyentes, Romanos 5: 9; 8:32; 1 Corintios 5: 7; Efesios 1: 7; Colosenses 1:14; Hebreos 9:14; 1 Pedro 3:18; 1 Juan 4:19; Apocalipsis 1: 5, 6; 5: 9, 10. Esto significa que Cristo al realizar su obra sacrificial tenía ciertas personas definidas en mente justo desde el principio. Esta es la roca sobre la cual todas las otras teorías de la expiación se estrellan. Sus defensores, de hecho, admiten que la expiación de Cristo resulta en la salvación de solo un número limitado de personas, pero niegan que la salvación de esas personas solo haya sido la intención de Cristo desde el principio.

Cristo participa activamente en sus sufrimientos

El hecho de que Cristo no fue simplemente un sacrificio, sino que también fungió como sacerdote, da la debida prominencia a otra verdad importante, a saber, que participó activamente en sus sufrimientos. No fue una víctima involuntaria de las circunstancias, tal como el mal ambiente en que se movía o las conspiraciones perversas de los judíos, sino que se entregó deliberadamente a amargos sufrimientos y a una muerte vergonzosa. Él era el gran Sumo Sacerdote que ofreció el supremo sacrificio, que fue presagiado por todos los sacrificios del Antiguo Testamento. En más de una ocasión dejó perfectamente claro que podría haber escapado si lo hubiera deseado. Se admite generalmente, por supuesto, que Cristo participó activamente durante su vida, pero el punto que frecuentemente se pasa por alto, si no es que se niega explícitamente, es que estuvo activo como sacerdote al ofrecer un sacrificio en el altar de Dios, especialmente activo en el momento supremo cuando dio su vida por los pecadores. Estuvo activo en la cruz, así como el sumo sacerdote del Antiguo Testamento estaba activo en el gran día de la expiación al traer las ofrendas especiales por el pecado a favor del pueblo. Si no hubiera estado activo en ese momento cuando completó su obra de sacrificio al dar su vida, entonces fracasó en el punto crucial. Pero a la luz de las Escrituras, no cabe duda de que Él estuvo activo incluso en su muerte. Se nos dice que «derramó su alma hasta la muerte», Isaías 53:12, y que «amó a la iglesia y se entregó a sí mismo por ella», Efesios 5:25; Gálatas 2:20. En efesios 5:2 Pablo hace la importante declaración de que «Cristo se entregó a sí mismo por nosotros, ofrenda y sacrificio a Dios en olor fragante». Como el buen Pastor puso su vida por las ovejas y dejó abundantemente claro que esta fue su obra al decir: «Por eso me ama el Padre, porque yo pongo mi vida, para volverla a tomar. Nadie me la quita, sino que yo de mí mismo la pongo. Tengo poder para ponerla, y tengo poder para volverla a tomar. Este mandamiento recibí de mi Padre». Juan 10:17, 18. Aquí el poder de poner su vida es equivalente con el poder ejercido en la resurrección. Esta verdad merece un énfasis especial en el tiempo presente en vista de la tendencia generalizada de considerar a Cristo como exclusivamente pasivo en su muerte, una víctima de las circunstancias adversas. Todas las teorías del ejemplo y de la influencia moral, así como la teología liberal moderna en general, encuentran el valor de su obra de expiación en su vida más que en su muerte. Difícilmente pueden interpretar su muerte de otra manera que como la muerte de un mártir por una causa digna. Shailer Mathews habla de Jesús como de una víctima inocente de la inadaptación, y dice: «La tragedia de su ejecución es muy oscura debido a que fue víctima del idealismo religioso y el orden político». *The Atonement and the Social Process*, pág. 199.

El sacrificio de Cristo prefigurado

Finalmente, también merece atención que el sacrificio de Cristo como el gran Sumo Sacerdote fue prefigurado en la antigua dispensación. Los puntos que deben notarse particularmente son que los sacrificios del Antiguo Testamento eran reparatorios o expiatorios, vicarios y de carácter tipológico. Numerosos estudiosos bajo la influencia de la escuela Graf-Wellhausen niegan su carácter penal y sustitutivo. Algunos están dispuestos a admitir que este carácter se les atribuyó a veces durante el período del Antiguo Testamento, aunque en una fecha relativamente tardía, pero afirman que no hay justificación para esto en el Antiguo Testamento mismo. Stevens dice: «Debemos concluir, por lo tanto, que cualquiera que haya sido la interpretación popular del sacrificio judío, ni su significado original ni el pretendido y prevaleciente fue penal o sustitutivo». *The Christian Doctrine of Salvation*, pág. 14. Admite que no es fácil dar una respuesta simple y clara a la pregunta: «¿Cuál era el objeto de las ofrendas del pecado si no era la satisfacción penal?»

Teorías respecto a los sacrificios del Antiguo Testamento

Se han abordado varias teorías en cuanto al carácter fundamental de los sacrificios del Antiguo Testamento. Se ha sugerido (1) que fueron regalos para agradar a la deidad, para expresar gratitud, o para aplacar la ira del ser divino, (2) que fueron esencialmente comidas sacrificiales, que expresaban comunión entre la deidad y el hombre, (3) que eran medios divinamente designados por los cuales lo abominable del pecado debía confesarse y atestiguarse, o (4) que, en la medida que encarnaba la idea de sustitución, fueron simplemente expresiones simbólicas del hecho de que Dios acepta al pecador, en lugar de la obediencia real, en el sacrificio que expresa su deseo de obedecer y su anhelo de salvación. Los defensores de la teoría de la expiación gubernamental y de la influencia moral generalmente recurren a alguna explicación de los sacrificios del Antiguo Testamento como se indica en (3) y (4). No podemos entrar aquí en una discusión de estos puntos de vista, solo podemos dar razones para sostener que los sacrificios del Antiguo Testamento contienen un elemento expiatorio, que fue muy prominente en las ofrendas por el pecado y la transgresión, pero que también estuvo presente en los holocaustos y ofrendas de paz, que como sacrificios expiatorios fueron vicarios o sustitutivos, y que tipificaron y, por lo tanto, apuntaron hacia el gran sacrificio de Jesucristo.

Los sacrificios mosaicos fueron expiatorios

Los sacrificios antes de Moisés pueden quedar aquí fuera de consideración, aunque existen razones para creer que también fueron de carácter expiatorio, cf. Génesis 8:20, 21; Job 1:5; 42:7-9. Parece que todos los sacrificios mosaicos, holocaustos y ofrendas de paz tanto como las ofrendas por el pecado y la transgresión, contenían elementos expiatorios, Levítico 4:13–20; 7:7; 1:3, 4; 3:1, 2; 23:27, 28; Números 28:22. Se ha negado el carácter expiatorio de estos sacrificios, pero estas negaciones se han enfrentado con argumentos convincentes una y otra vez. Los siguientes datos señalan el carácter propiciatorio y sustitutivo de estos sacrificios: (1) Los animales escogidos para las ofrendas fueron aquellos que estaban más cerca del hombre y podían, por lo tanto, servir como sustitutos. (2) Tenían que ser sin mancha, es decir, perfectos en su tipo para simbolizar el hecho de que solo alguien sin pecado podía tomar el lugar del pecador, 1 Pedro 1:19. (3) El oferente tenía que confesar sus pecados en la presencia de este sacrificio, y luego poner sus manos sobre su cabeza en señal de la transferencia de sus pecados a la ofrenda. (4) La ofrenda era sacrificada, como nos dice repetidamente, con el propósito de hacer expiación por el oferente. (5) Una y otra vez se nos asegura que efectúa el perdón de los pecados del oferente. Si se tomara en cuenta todas estas cosas y se les diera el peso debido, difícilmente sería posible que cualquiera negara la naturaleza expiatoria y vicaria de estos sacrificios. Los servicios del gran día de la expiación fueron particularmente instructivos. Se traían dos machos cabríos para una ofrenda especial por el pecado: uno tenía que ser sacrificado y su sangre rociada sobre y delante del propiciatorio, para que «Así purificará el santuario, a causa de las impurezas de los hijos de Israel, de sus rebeliones y de todos sus pecados» y el otro tenía que enviarse «al desierto, y...llevará sobre sí todas las iniquidades de ellos a tierra inhabitada». Levítico 16:16, 21, 22.

Sacrificios por ofensas morales

Algunos han sostenido que en la dispensación mosaica los sacrificios no se llevaban a cabo por ofensas morales en lo absoluto, sino solo para transgresiones ceremoniales o por los pecados de ignorancia a los cuales no se podría atribuir ningún carácter moral. Ahora bien, es muy cierto que los sacrificios externos como tales afectaron solo a la posición ceremonial de los israelitas; pero incluso las violaciones de la ley ceremonial muy bien podrían involucrar inmoralidad, a juzgar por el estado de ánimo que indicaban. Además, los así llamados pecados de ignorancia no solo incluyeron pecados que se cometieron por falta de conocimiento, sino también pecados no intencionales y pecados que resultaban de debilidad o descuido, y dicha ignorancia, debilidad o descuido podrían ser ciertamente criminales. Téngase en cuenta que se requerían ofrendas en casos de robos y se permitían en algunos casos de fornicación. Además, en el gran día de la expiación las ofrendas por el pecado se traían por todos los pecados del pueblo. Sin embargo, es cierto que había ciertas ofensas por las cuales ningún sacrificio podía expiar incluso en el sentido ceremonial. Los pecados cometidos con mano alzada (pecados intencionales) debían ser castigados con la muerte, ya que fueron considerados como ofensas capitales contra el estado y contra el orden moral de la sociedad. La restauración ceremonial y ser cortado del pueblo no podían ir de la mano. Naturalmente, esto no significa que estos pecados no pudieran ser perdonados por Dios.

Los sacrificios mosaicos no son espiritualmente eficaces

El punto que merece un énfasis especial es que los sacrificios mosaicos no fueron en sí mismos eficaces para expiar las transgresiones morales. No eran el sacrificio real que podía expiar la culpa moral y eliminar la contaminación moral, sino solo sombras de la realidad venidera. Hablando del tabernáculo, el escritor de Hebreos dice: «Lo cual es símbolo para el tiempo presente, según el cual se presentan ofrendas y sacrificios que no pueden hacer perfecto, en cuanto a la conciencia, al que practica ese culto», Hebreos 9:9. Señala al carácter misterioso de la ley cuando dice: «Porque la ley, teniendo la sombra de los bienes venideros, no la imagen misma de las cosas, nunca puede, por los mismos sacrificios que se ofrecen continuamente cada año, hacer perfectos a los que se acercan», Hebreos 10:1. Y de nuevo, habla del carácter ineficaz de los sacrificios del Antiguo Testamento, diciendo: «porque la sangre de los toros y de los machos cabríos no puede quitar los pecados», Hebreos 10:4. La razón de todo esto no es que Dios no los haya señalado para dicho fin, sino más bien que no fueron adecuados para cumplir ese propósito. Pueden darse varias razones para esto: (1) No expresaron adecuadamente la grandeza del disgusto de Dios contra el pecado, y de este modo no revelaron la extrema pecaminosidad del pecado. (2) No guardaban la relación adecuada con el hombre ni por naturaleza ni por obligación legal: no podían servir como sus sustitutos adecuados, porque eran muy inferiores al hombre y no estaban bajo la ley que él había violado. (3) No fueron suficientes para sostener la rectitud inviolable de la ley moral, que exige la muerte del pecador, y no se puede satisfacer en su lugar con la muerte del animal. (4) Su valor no era del todo proporcional a la vida que se había perdido, la vida de un ser racional, moral e inmortal. Lo único en que estos sacrificios, como tales, eran efectivos, era en la restauración simbólica del pecador a su lugar exterior y privilegios en la comunidad de Israel.

Los sacrificios del Antiguo Testamento eran tipos del sacrificio de Cristo

Pero lo dicho no agota el significado de los sacrificios del Antiguo Testamento. Algunos consideran la restauración ceremonial como el único propósito para el que sirvieron, pero esto difícilmente puede llamarse un punto de vista escritural. Según la Biblia, fueron diseñados para prefigurar, tipificar, los sufrimientos vicarios y muerte de Jesucristo. La conexión entre ellos y Cristo ya está indicada en el Antiguo Testamento. «Sacrificio y ofrenda no te agrada; has abierto mis oídos; holocausto y expiación no has demandado. Entonces dije: He aquí, vengo; en el rollo del libro está escrito de mí; el hacer tu voluntad, Dios mío, me ha agradado, Y tu ley está en medio de mi corazón», Salmos 40:6-8. En estas palabras, el Mesías mismo sustituye los sacrificios umbrátiles del Antiguo Testamento con su sacrificio, cf. Hebreos 10:5-9. En el Nuevo Testamento hay numerosas indicaciones del hecho de que los sacrificios mosaicos fueron tipos del más excelente sacrificio de Jesucristo. Se dice que se ofreció a sí mismo a Dios, y cargó con los pecados de muchos e incluso del mundo. Es llamado el Cordero de Dios, un cordero sin defecto y sin mancha, la pascua que fue sacrificada por nosotros. Y debido a que los sacrificios mosaicos fueron tipos, naturalmente arrojaron alguna luz sobre la naturaleza del gran sacrificio expiatorio de Jesucristo.

Capítulo 8

La Naturaleza Objetiva de la Expiación

El objetivo de la expiación

Uno de los puntos más importantes de disputa entre los defensores de la doctrina penal sustitutiva de la expiación y los partidarios de casi todas las otras teorías, es el de la naturaleza objetiva de la expiación. La cuestión en disputa es si la expiación en sí misma, a diferencia de la reconciliación, tiene una referencia hacia Dios o hacia el hombre, si se hace para Dios o para el hombre, y si afecta principalmente la relación de Dios con el pecador, o exclusivamente la relación del pecador para con Dios. La teoría penal sustitutiva sostiene que la expiación en sí misma se aplica a Dios y solo a Dios, aunque la reconciliación resultante tiene un aspecto doble. El Dr. Shedd lo expresa en las siguientes palabras: «Una expiación deja su marca principal en la parte a quien se le hace, no sobre la parte por quien es hecha. Cuando un hombre hace mal a un prójimo, y rinde satisfacción por este agravio, esta satisfacción se dirige a influenciar al objeto, no al sujeto; produce un efecto sobre el hombre que ha sufrido el mal, no sobre el hombre que ha hecho el mal. La expiación subjetiva es una contradicción. Expiarse a uno mismo es como levantarse a uno mismo. *Dogm. Theol. II*, pág. 393. Si un hombre hace el mal y hace satisfacción por ello, rinde satisfacción, no a sí mismo, sino a la parte a la que ha agraviado. Esto parecería ser una verdad evidente. En el caso en consideración significa que la expiación en Cristo se rinde a Dios, y que en consecuencia Dios es propiciado o reconciliado con el pecador. Esta es indudablemente la idea principal de la expiación a través de Cristo. Puede decirse incluso que la expiación como tal solo tiene una referencia objetiva, a saber, el pecador rindiendo satisfacción a Dios en el Mediador, Jesucristo, aunque sus resultados son tanto objetivos como subjetivos. Dios es reconciliado con el pecador, y el pecador también es reconciliado con Dios. La reconciliación de Dios con el pecador es primordial, y la del pecador con Dios secundaria.

Negación de la naturaleza objetiva de la expiación

Esta naturaleza objetiva de la expiación se ha enfrentado con una negación generalizada. Socinio consideró absurdo pensar que la satisfacción fuera dada a Dios. Ya que esto significaría que Dios en Cristo se satisfaría a sí mismo. Grocio, en su intento de refutar la teoría de Socinio, habló ciertamente de una satisfacción, pero sin hacer justicia a la idea, ya que concibió la muerte de Cristo simplemente como un ejemplo penal, el cual Dios requería para honrar la ley, mientras perdonaba al mismo tiempo al pecador. Naturalmente, los unitarios, que pueden llamarse hoy día socinianos, comparten la posición negativa de este último. Dice Emerton: «Para él (el unitario) no hay tal cosa como un Dios enojado con la raza de seres que ha creado y que necesita, por lo tanto, reconciliarse con ellos mediante un acto de propiciación y expiación». *Unitarian thought*, pág. 184. Los teólogos ingleses, J. Taylor, H. Taylor y A.A. Sykes, adoptaron la misma posición. El arzobispo Magee cita pasajes de H. Taylor y Sykes que claramente prueban esto. Taylor afirma que «nunca se dice que Dios esté reconciliado con el mundo, porque nunca estuvo enemistado con él. Fue el mundo el que estaba enemistado con Dios, y debía reconciliarse al llegar al conocimiento de su bondad hacia ellos». Y cuando Sykes dice: «No podía haber necesidad de reconciliar a Dios con el hombre, cuando ya había mostrado su amor hacia el hombre hasta el punto de enviar a su Hijo para reconciliar al hombre con Dios». Cf. Magee, *Discourses and Dissertations on the Scriptural Doctrines of Atonement and Sacrifice, Dissertation No. XX*. El Dr. Stevens repudia «la idea de una propiciación o apaciguamiento de la ira de Dios en los sufrimientos de Cristo, la eliminación de obstáculos para el perdón por sus sufrimientos, la sustitución del castigo del pecado por su muerte, y el logro de una satisfacción «objetiva» de cualquier tipo obrada sobre Él *ab extra*». *The Christian*

Doctrine of Salvation, pág. 432. Y el Dr. David Smith interviene al decir: «La teoría (de la sustitución penal) representa a Cristo como 'reconciliando a Dios con los pecadores', y esto es precisamente contrario a la representación del Nuevo Testamento. La 'reconciliación' es un término paulino, y, con persistencia y precisión que demuestra una intención consciente y deliberada, el apóstol constantemente afirma que Cristo 'reconcilió al mundo con Dios', jamás que 'reconcilió a Dios con el mundo'. Este es el *usus loquendi*, y se observa invariablemente». *The Atonement in the Light of History and of the Modern Spirit,* pág. 111.

El punto de vista de los oponentes sobre la expiación

Pero si estos hombres y muchos otros como ellos niegan la naturaleza objetiva de la expiación, ¿cuál es su concepción de la obra expiatoria de Cristo? ¿Cómo conciben la expiación? Si bien todos están de acuerdo en que la expiación afecta la actitud del hombre hacia Dios más que la actitud de Dios hacia el hombre, y que no tiene otro efecto que el de cambiar al hombre de enemigo a amigo de Dios, no todos la conciben exactamente de la misma manera. Algunos sostienen que Cristo rindió a Dios un sacrificio que consistía en la perfecta obediencia a la voluntad de Dios, y que este sacrificio agradó tanto a Dios que creyó conveniente conceder al hombre, por causa de este sacrificio, el perdón de los pecados y otros beneficios espirituales. Los beneficios que Cristo nos ha procurado realmente constituyen la expiación. El punto de vista de Bushnell es que Cristo en su vida sacrificial representa y manifiesta el sufrimiento de Dios durante siglos a causa del pecado del hombre, y por lo tanto ejerce una influencia moral y regeneradora sobre el hombre, resultante en un cambio espiritual. David Smith, un teólogo escoces presbiteriano de cuya obra dice el Dr. Faulker que «es 'moderno' con una venganza», y Washington Gladden prácticamente tienen la misma opinión. Los unitarios generalmente encuentran la obra de expiación de Cristo en la revelación del hecho de que Dios siempre es nuestro Padre misericordioso y perdonador, que está listo para perdonar y sanar al verdaderamente arrepentido. Todos y cada uno niegan que hay algo en Dios que demanda propiciación. Brunner resume la visión subjetiva de la expiación en las siguientes palabras: «El hombre, muy equivocadamente, considera a Dios como un enemigo, como un juez que desea castigarlo. En la cruz, el hombre se da cuenta de su error; aquí la idea de que Dios es amor vence a la idea de su ira. Así que aquí el único abismo que separa al hombre de Dios es ilusorio, a saber, el que el error humano ha colocado entre sí mismo y Dios. La reconciliación significa simplemente la eliminación de un error religioso». *The Mediator*, pág. 439.

¿Está Dios enojado con el pecador?

En vista de este hecho, es bueno enfrentar la pregunta primero que todo, de si las Escrituras justifican el punto de vista de que Dios está enojado con el pecador, o que el pecador es el objeto de su justa ira. Parecería que incluso una lectura superficial de la Biblia es más que suficiente para justificar una respuesta afirmativa. Hay muchas indicaciones de esto en la Biblia que sería tedioso citar todos los pasajes relevantes, pero sería bueno referirse a algunos. «Los insensatos no estarán delante de tus ojos; aborreces a todos los que hacen iniquidad», Salmos 5:5. «Dios es juez justo, y Dios está airado contra el impío todos los días», Salmos 7:11. «Jehová es Dios celoso y vengador; Jehová es vengador y lleno de indignación; se venga de sus adversarios, y guarda enojo para sus enemigos», Nahúm 1:2. «Porque la ira de Dios se revela desde el cielo contra toda impiedad e injusticia de los hombres que detienen con injusticia la verdad», Romanos 1:18. «Pero por tu dureza y por tu corazón no arrepentido, atesoras para ti mismo ira para el día de la ira y de la revelación del justo juicio de Dios, el cual pagará a cada uno conforme a sus obras», Romanos 2:5-6. «Porque es justo delante de Dios pagar con tribulación a los que os atribulan», 2 Tesalonicenses 1:6. «Porque si pecáremos voluntariamente después de haber recibido el conocimiento de la verdad, ya no queda más sacrificio por los pecados, sino una horrenda expectación de juicio, y de hervor de fuego que ha de devorar a los adversarios», Hebreos 10:26-27. Estos pasajes, a los cuales se pueden agregar fácilmente muchos otros, parecerían suficientes para establecer la verdad de que Dios mira al pecador con santa indignación y no simplemente pasará por alto el mal. Nuestro Dios es fuego consumidor para el pecador, Hebreos 12:29. Ya que Dios es claramente representado en la Escritura como la parte ofendida, es natural que se deba de ofrecer expiación, que se le haga reparación. Solo este es el sentido adecuado en que podemos hablar de expiación. Aquellos que niegan la referencia a Dios y todavía continúan hablando de expiación a través de Cristo, generalmente insisten en que la expiación realmente no significa nada más que unificación. Este es un mero juego de palabras para hacer parecer que la doctrina de la expiación se retiene cuando en realidad se descarta.

El trabajo objetivo de los sacerdotes

Varias consideraciones pueden servir para fundamentar la naturaleza objetiva de la expiación. El carácter fundamental del sacerdocio y su obra claramente apuntan en esa dirección. Tanto profetas como sacerdotes están de pie entre Dios y el hombre, pero con una diferencia característica. Los profetas representan a Dios al traer un mensaje al hombre, y, por lo tanto, miran desde Dios en dirección hacia el hombre; mientras que los sacerdotes representan al hombre en la presencia de Dios, y como tales se mueven en dirección hacia Dios. El escritor de la epístola a los Hebreos lo expresa así: «Porque todo sumo sacerdote tomado de entre los hombres es constituido a favor de los hombres en lo que a Dios se refiere», Hebreos 5:1. Dado que este pasaje ya fue discutido anteriormente, no es necesario ampliar sobre los diversos elementos que contiene. Es suficiente decir que da una clara indicación del hecho de que la obra del sacerdote mira principalmente hacia Dios. Por supuesto, esto no excluye la idea de que la obra sacerdotal también puede tener una influencia reflejo en el hombre.

Los sacrificios son objetivos en su referencia

Este argumento se ve reforzado por una consideración de los sacrificios del Antiguo Testamento. Los sacrificios tienen una referencia objetiva. Es un hecho reconocido generalmente que entre los gentiles fueron traídos, no al hombre, sino a los dioses. Se suponía que tenían que producir un efecto sobre los dioses y hacerlos propicios. La idea escritural del sacrificio concuerda con el de los gentiles en esta referencia objetiva. Lyman Abbott contradice esto cuando dice: «En la concepción cristiana el sacrificio es totalmente una expresión de amor divino, es completamente un autosacrificio, y su objeto es impartir vida por Dios, el dador de vida, al hombre que perece». Y de nuevo: «Que el sacrificio procede de Dios hacia el hombre, no del hombre hacia Dios, está implícito incluso en el código levítico». *The Atonement in Modern Religious Thought*, pág. 94, 95. Esta es una idea fantasiosa que fracasa en probar. Simplemente insinúa que en la institución del sacrificio Dios mismo se acerca al hombre y señala el camino en que el pacto roto puede restaurarse; que el valor del sacrificio no estaba en ningún efecto imaginado sobre Dios, sino en su eficacia como una expresión en la mente y corazón del adorador; y que la idea del autosacrificio de parte de Dios para el hombre es muy explícita en las enseñanzas de Isaías con respecto al siervo sufriente de Jehová. Ahora es perfectamente cierto que, según la ley de Moisés, Dios mismo se acerca al pecador en misericordia y proporciona en los sacrificios las formas y medios de reconciliación. El hombre no inventó esta forma él mismo. Incluso recibió los animales para los sacrificios de mano de Dios. También es cierto que los sacrificios, estrictamente hablando, no produjeron un cambio en Dios, como se suponía en las religiones paganas, y que sirvieron, al menos en parte, para expresar la actitud religiosa del oferente. Y es igualmente cierto que Dios proporcionó el supremo sacrificio en el siervo sufriente de Jehová. Pero todo esto no refuta la referencia objetiva de los sacrificios del Antiguo Testamento. Aunque solo se pudieron traer porque Dios los proveyó, y aunque esta provisión ya da testimonio del hecho de que Dios estaba dispuesto a perdonar al pecador, eran no obstante, los sacrificios que el hombre ofrecía a Dios, y no viceversa. El escritor de Hebreos dice que las cosas que pertenecen a Dios consisten en «ofrecer tanto dones como sacrificios por los pecados». Y según el Antiguo Testamento no fueron simples expresiones de devoción y gratitud, sino que sirvieron para expiar el pecado, Levítico 1:4; 4:20, 26, 31, 35. Se exige que los amigos de Job traigan sacrificios, «para no», dice el Señor, «trataros afrentosamente», Job 42:8. Estos sacrificios, es cierto, no trajeron un cambio en Él que es el inmutable, sino que interpusieron algo entre Él y el pecador o el pecado, de modo que la ira de Dios fue apartada del transgresor.

Significado de los términos hebreos y griegos

La palabra hebrea para «expiar» (KIPPER) apunta en la misma dirección. Expresa la idea de expiación por el pecado al cubrir el pecado o al pecador. La sangre del sacrificio se interpone entre Dios y el pecador, así que la ira de Dios acaba sobre ella y no sobre la parte culpable. Tiene el efecto por lo tanto de alejar la ira de Dios del pecador. En la Septuaginta y en el Nuevo Testamento se usan dos términos griegos en un sentido relacionado (HILASKOMAI y HILASMOS). En el griego clásico el verbo significa «hacer propicio» o «propiciar», y el sustantivo «una propiciación» o «apaciguar», o «el medio de propiciación». Como traducción de la palabra hebrea (KIPPER) el verbo puede significar «propiciar», «expiar», o «expiación», y el sustantivo puede traducirse «propiciación», «expiación» o «redención». Existen términos de un carácter objetivo. En griego clásico a menudo se interpretan con Dios como el objeto. No hay ejemplo de esto en el Nuevo Testamento, pero esto no prueba que la idea sea antibíblica. Solo hay cuatro pasajes en el Nuevo Testamento donde se encuentran una u otra de estas palabras. La más importante de estas son las siguientes tres, Hebreos 2:17: «Por lo cual debía ser en todo semejante a sus hermanos, para venir a ser misericordioso y fiel sumo sacerdote en lo que a Dios se refiere, para expiar los pecados del pueblo». Este pasaje se explica mejor a la luz de la palabra hebrea que significa expiar o hacer expiación por los pecados del pueblo. 1 Juan 2:2: «Y él es la propiciación por nuestros pecados», y 4:10: «En esto consiste el amor: no en que nosotros hayamos amado a Dios, sino en que él nos amó a nosotros, y envió a su Hijo en propiciación por nuestros pecados». Estos pueden explicarse en la misma forma como el pasaje anterior, o con Dios como el objeto entendido.

Interpretación de Mateo 5:23, 24 y de Romanos 5:10

Otras palabras griegas son los términos traducidos «reconciliar» o «reconciliación» en el Nuevo Testamento (KATALASSO y KATALAGE). Las palabras denotan un cambio de enemistad a amistad, y ciertamente tienen primero que todo una referencia objetiva. En la discusión de estas palabras debemos poner especial atención a la afirmación, hecha a menudo con la mayor confianza, de que la Biblia jamás dice que Dios es reconciliado con nosotros por la muerte de su Hijo, sino siempre que somos reconciliados con Dios. Esta afirmación se basa en una manera bastante superficial en expresiones individuales de la Biblia, y no da evidencia de que se preste mucha atención al contexto. Cada uno de los siguientes pasajes contienen ya sea, el sustantivo o el verbo con respecto a Dios: Romanos 5:10, 11; 11:15; 2 Corintios 5:18–20; Efesios 2:16; Col. 1:20, 22. De estos, el primero y el tercero pueden considerarse como los más importantes. Ahora bien, los oponentes de una expiación objetiva sostienen que, según estos pasajes, la enemistad se encuentra totalmente de un lado, a saber, del lado del hombre, y que el hombre debe, por lo tanto, reconciliarse con Dios. Debe dejar a un lado su enemistad contra Dios, su disposición hostil. Es indudablemente cierto que Dios exige esto de los pecadores, pero no es correcto decir que esto constituye la esencia de su reconciliación. Tenemos la clave para la interpretación de la expresión «reconciliarse con alguien» en Mateo 5:23, 24, donde la palabra en consideración se usa: «Por tanto, si traes tu ofrenda al altar, y allí te acuerdas de que tu hermano tiene algo contra ti, deja allí tu ofrenda delante del altar, y anda, reconcíliate primero con tu hermano, y entonces ven y presenta tu ofrenda». Aquí se le dice al ofensor que se reconcilie con la parte ofendida, algo que solo puede hacer él, no dejando a un lado su propia hostilidad (que a lo mejor no existe y ciertamente no se menciona aquí), sino honrando las justas demandas del hermano a quien ha ofendido. Reconciliarse con el hermano es equivalente a buscar la restauración a su favor pacificándolo. Implica que la persona ofendida mira con desagrado al ofensor. Esta idea debe guiarnos en la interpretación de Romanos 5:10: «Porque si siendo enemigos, fuimos reconciliados con Dios por la muerte de su Hijo, mucho más, estando reconciliados, seremos salvos por su vida». La conexión inmediata habla de ser salvo de la ira de Dios. Luego el pasaje mismo contiene la declaración de que Pablo y los lectores fueron reconciliados con Dios, cuando todavía eran enemigos, es decir, cuando todavía eran objeto de la ira de Dios, no por su cambio de disposición, sino a través de la muerte de Cristo. Por lo tanto, se habla de la reconciliación en el siguiente versículo como de algo objetivo que han recibido.

Interpretación de 2 Corintios 5:18-20

También debería darse una interpretación similar de 2 Corintios 5:18-20, «Y todo esto proviene de Dios, quien nos reconcilió consigo mismo por Cristo, y nos dio el ministerio de la reconciliación; que Dios estaba en Cristo reconciliando consigo al mundo, no tomándoles en cuenta a los hombres sus pecados, y nos encargó a nosotros la palabra de la reconciliación. Así que, somos embajadores en nombre de Cristo, como si Dios rogase por medio de nosotros; os rogamos en nombre de Cristo: Reconciliaos con Dios». En este pasaje se nos dice que Dios estaba en Cristo reconciliando al mundo consigo mismo, no incitando a los hombres del mundo a dejar a un lado su maldad, sino sin contarles sus ofensas, perdonando sus pecados, desviando su ira y restaurándolos a su favor. A través del sacrificio de Cristo su relación con los sujetos de redención cambió. Y ahora los predicadores del evangelio están comisionados para ofrecer esta reconciliación, esta restauración del favor divino a los hombres, y a exhortarlos a aceptar el favor que tan generosamente se les ofrece. Y cuando hacen esto, también por la gracia de Dios, dejan a un lado su hostilidad hacia Dios. La recepción de la reconciliación objetiva dada en Cristo va naturalmente acompañada por un cambio subjetivo de parte de los recipientes.

Finalmente, el término «rescate» apunta en la misma dirección. Cristo es el *Goel*, el libertador de los pecadores, Hechos 20:28; 1 Corintios 6:20; 7:23. Redime a los pecadores de las demandas de la justicia retributiva de Dios. El precio lo paga el pecador, en la persona de su representante, a Dios. En vista de todo lo que se ha dicho parecería que estamos muy justificados al hablar del carácter objetivo de la expiación.

Capítulo 9
La Naturaleza Vicaria de la Expiación

☨

Cristo nuestro vicario

Cuando hablamos de la naturaleza vicaria de la expiación, queremos decir que Cristo en su obra expiatoria tomó el lugar del pecador y como su vicario o sustituto cargó con el castigo del pecado y cumplió las exigencias del pacto de obras. Esta declaración no debe atenuarse para significar que el autosacrificio de Cristo fue simplemente un prerrequisito necesario para el perdón de los pecados fijado arbitrariamente por Dios, o que fue un simple sustituto por el castigo, o que fue simplemente un sacrificio en nombre del pecador, o que solo consistió en los sufrimientos que cargó como resultado de su identificación con la raza humana. Los arminianos hablan del sacrificio de Cristo como vicario en vista del hecho de que en cierto sentido fue castigado en nuestro lugar, pero no creen que cargó con el equivalente completo del castigo que nos correspondía. Su sacrificio no fue una plena satisfacción por el pecado, sino simplemente la condición del perdón, ya que en la economía divina no hay perdón sin derramamiento de sangre. Por lo tanto, la demanda de la ley no se cumplió completamente en el sacrificio de Cristo. Sobre este punto Grocio estuvo muy de acuerdo con la posición general arminiana. Si bien ostensiblemente defendió la doctrina ortodoxa de la satisfacción, no logró responder al argumento principal de los socinianos, que Cristo no pagó realmente la pena del pecado. Si bien habló de la muerte de Cristo como una satisfacción, solo le atribuyó el significado de un ejemplo penal ordenado por Dios, para que pudiera aparecer como honrando la ley, mientras perdonaba a los pecadores. Este ejemplo penal es lo que entiende por satisfacción. Incluso Schleiermacher está dispuesto a hablar de los sufrimientos de Cristo como vicarios. Cristo no tenía pecado y, sin embargo, al entrar en la vida común de la humanidad pecadora sufrió vicariamente por otros, incluso por el pecado de toda la humanidad. Ritschl considera que la doctrina del castigo vicario es absolutamente indefendible. La idea está completamente fuera de armonía con su sistema de pensamiento. Sin embargo, hay otros defensores de la teoría de la influencia moral que continúan hablando de los sufrimientos de Cristo como vicarios. Bushnell incluso lanzó su trabajo al mundo bajo el título «Sacrificio vicario». Encuentra el principio del sacrificio vicario en el amor, que es esencialmente vicario. Que Cristo cargó vicariamente con nuestros pecados, significa que Él «los cargó en su sentimiento, se insertó en su mala suerte por su simpatía como amigo, se entregó a sí mismo y su vida, incluso, en un esfuerzo por restaurar la misericordia; en una palabra, cargó con nuestros pecados en el mismo sentido en que cargó con nuestras enfermedades». *Vicarious Sacrifice*, pág. 46.

El significado de «vicario»

Es muy evidente que en todos estos casos la palabra «vicario» se utiliza en un sentido más bien laxo. La palabra se deriva de «vicario», que en general denota un sustituto, uno que toma el lugar de otro, actuando o sufriendo en su lugar. En las iglesias católicas romanas un vicario es uno que representa a un clérigo de rango superior y como tal actúa representativamente al hacer lo que su superior haría. La idea sustitutiva es esencial a ella. El hecho de que uno actúe o sufra en el interés de otro, o sufra y actúe en parte lo que le corresponde al otro, no hace a alguien un verdadero vicario y no hace que la acción o sufrimiento de alguien sea vicario. Cuando hablamos del sacrificio de Cristo como vicario, utilizamos el término en su sentido correcto. Queremos decir que Cristo como nuestro sustituto sufrió el castigo que nos correspondía, y en nuestro lugar cumplió todos los requerimientos de la ley. Afirmamos que la satisfacción hecha por Cristo era estrictamente penal y cumplió todos los reclamos de la justicia divina, y negamos que fue simplemente una satisfacción nominal que, por la simple indulgencia de Dios, fue aceptada como pago íntegro.

La imposición de manos

Desde que muchos niegan que el sacrificio de Cristo fue sustitutivo o vicario, se vuelve imperativo examinar la prueba de la Escritura para esta doctrina. Dirigimos la atención, primero que todo, al hecho de que la naturaleza vicaria del sacrificio de Cristo fue claramente simbolizada y tipificada en los sacrificios del Antiguo Testamento. Cuando un israelita traía un sacrificio al templo, ponía su mano sobre la cabeza del sacrificio. El mandato relativo a esta cuestión se encuentra en el mismo comienzo del libro de Levítico: «Y pondrá su mano sobre la cabeza del holocausto, y será aceptado para expiación suya», Levítico 1:4. Cave y otros consideran esto simplemente como un símbolo de dedicación, pero esto difícilmente explica por qué el sacrificio era en virtud de ello apto para hacer la expiación por el oferente. Seguramente, una cosa que es dedicada a Dios no es por esa razón hecha adecuada para hacer expiación. Además, la ceremonia del chivo expiatorio en el gran día de la expiación, como está registrado en Levítico 16:20-22, parece señalar en otra dirección. Leemos ahí como sigue: «Cuando hubiere (el sumo sacerdote) acabado de expiar el santuario y el tabernáculo de reunión y el altar, hará traer el macho cabrío vivo; y pondrá Aarón sus dos manos sobre la cabeza del macho cabrío vivo, y confesará sobre él todas las iniquidades de los hijos de Israel, todas sus rebeliones y todos sus pecados, poniéndolos así sobre la cabeza del macho cabrío, y lo enviará al desierto por mano de un hombre destinado para esto. Y aquel macho cabrío llevará sobre sí todas las iniquidades de ellos a tierra inhabitada; y dejará ir el macho cabrío por el desierto». Este pasaje es tan claro que comentarlo sería innecesario. Sin embargo, Cave objeta que esto no es una verdadera analogía de los sacrificios que eran llevados al altar, y que «antes de 'este indudable acto de transferencia de la culpa', la mano del sacerdote ya había sido colocada sobre la cabeza de la cabra sacrificada». Si los pecados del pueblo ya habían sido transferidos al chivo que fue sacrificado, ¿cómo podían ser transferidos de nuevo al chivo vivo? Parece olvidar que el sacrificio especial en el día de la expiación era la culminación de todo el ritual sacrificial, y como tal era el símbolo más expresivo de la obra de expiación. Los dos chivos realmente constituyeron un solo sacrificio con un aspecto doble, simbolizando a la vez el castigo del pecado y su remoción de la tierra. Además, es perfectamente justo argumentar que, si la imposición de manos tenía ese significado en el caso del chivo vivo, tuvo el mismo significado en conexión con otros sacrificios. Cave, *The Scriptural Doctrine of Sacrifice*, pág. 129 nota; Magee, *Atonement and Sacrifice, Diss. No. XXXIX*; Vos, *Old Testament Theology*, pág. 124.

El sacrificio del animal

El siguiente punto al que se debe llamar la atención es el sacrificio del animal. De esto dice el Dr. Vos: «En conexión con la imposición de manos que transmite el pecado al sacrificio del animal que lleva el pecado apenas podía tener cualquier otro propósito que significar que la muerte es el castigo del pecado, infligido vicariamente en sacrificio». *Op. cit.*, pág. 125. Esto es muy claramente indicado en el pasaje clásico que se encuentra en Levítico 17:11: «Porque la vida de la carne en la sangre está, y yo os la he dado para hacer expiación sobre el altar por vuestras almas; y la misma sangre hará expiación de la persona». Se admite generalmente que esta es la más clara expresión de la importancia vicaria de los sacrificios del Antiguo Testamento que se puede encontrar en cualquier lugar del Antiguo Testamento. Prácticamente equivale a la declaración de que una vida se da por otra. La vida se entrega en la sangre que es derramada en la muerte y se aplica a los cuernos del altar o se presenta delante de Dios en el santuario interior, y esta tiene el efecto de expiar los pecados de aquellos que traen el sacrificio. «El animal sacrificial», dice el Dr. Vos, «en su muerte toma el lugar de la muerte que corresponde al oferente. Es pérdida por pérdida».

Pasajes de la Escritura

Además de la prueba derivada del sacrificio ritual del Antiguo Testamento, existen varios tipos de pasajes que señalan la naturaleza vicaria de la expiación. Hay muchos pasajes que enseñan que nuestros pecados fueron puestos en Cristo, y que el llevó nuestros pecados o iniquidades, Isaías 53:6, 12; Juan 1:29; 2 Corintios 5:21; Gálatas 3:13; Hebreos 9:28; 1 Pedro 2:24. Nuestros pecados son puestos en Cristo, así que Él está tomando nuestro lugar como portador de pecados. Esto no significa que nuestra pecaminosidad fue transmitida a Él –algo que es imposible– sino que, como ya se explicó con anterioridad, la culpa de nuestro pecado le fue imputada. Fue hecho responsable del castigo en nuestro lugar. Decir que llevó nuestros pecados es equivalente a decir que cargó con el castigo que los pecados merecían, y que los eliminó al sufrir por ellos. Esto es muy evidente de Isaías 53 y de Hebreos 9:28; 1 Pedro 2:24; 3:18.

El significado de dos preposiciones griegas

Además, hay pasajes que claramente establecen que Cristo murió o puso su vida por nosotros. En algunos de estos la idea sustitutiva está claramente presente. No podemos simplemente argumentar con base en las preposiciones griegas (ANTI y HUPER) utilizadas en dichos casos, porque si bien una de estas puede significar «en lugar de», no siempre tiene ese significado, y aunque la otra en realidad significa «en nombre de», en algunos casos también puede expresar la idea de sustitución. La fuerza exacta de la preposición tendrá que ser determinada en gran medida por el contexto. Es interesante notar que, según Deissmann, se han encontrado varios casos del uso de esa preposición que significa realmente «en nombre de» con el significado «como representante de», *Light from the Ancient East*, pág. 153. Encontramos un uso similar de ello en Filemón 13. Hay varios pasajes en el Nuevo Testamento, en los que probablemente significa «en lugar de», pero donde es posible abstenerse de este significado y traducirlo «en nombre de», tales como Romanos 5:6–8; 8:32; Gálatas 2:20; Hebreos 2:9. Pero también hay casos en que cualquier otro significado que no sea «en lugar de» parecería ser excluido y en que, como dice Robertson, solo violentando el texto puede eliminarlo. Menciona como tales Gálatas 2:13; Juan 11:50; y 2 Corintios 5:15. La otra preposición (ANTI) se usa claramente en el sentido de «en lugar de» en Mateo 2:22 y 5:38; 20:28; Marcos 10:45. De los últimos dos pasajes dice Robertson: «Estos importantes pasajes doctrinales enseñan la concepción sustitutiva de la muerte de Cristo, no debido a que ANTI en sí mismo signifique 'en lugar de', lo cual no es cierto, sino porque el contexto deja fuera de discusión cualquier idea resultante». *Grammer*, pág. 573. La misma idea se expresa en 1 Timoteo 2:6 donde, como el autor mismo dice, «tanto ANTI como HUPER se combinan con LUTRON (rescate) al expresar esta idea». Además, debemos tener en cuenta que, si la reconciliación pudiera lograrse y los pecados pudieran perdonarse solo sobre la base de una expiación, y si fuera la voluntad de Dios que la reconciliación se efectuara y se perdonaran los pecados, la misma naturaleza del caso requeriría una expiación vicaria. La única alternativa para esto sería una expiación personal, y esto estaba completamente fuera de discusión en el caso del pecador. El pecador es representado en la Escritura como tan depravado que es completamente incapaz de hacer algún bien espiritual y de allanar en cualquier sentido de la palabra el camino por el cual podría ser reinstalado en el favor de Dios. En un sentido puede, y permaneciendo en sus pecados, ciertamente los expiará al sufrir los dolores del infierno eternamente, pero este es un tipo de expiación que nunca se completa y jamás dará lugar a redención. Por esa razón se puede decir que, si los oponentes de la expiación sustitutiva logran probar satisfactoriamente que Cristo no expió vicariamente el pecado mediante su supremo autosacrificio, también han establecido con la misma fuerza el hecho de que ellos y también los demás hombres tendrán que sufrir la perdición eterna.

Objeciones a la expiación vicaria; casos de deuda pecuniaria

Sin embargo, se plantean varias objeciones contra la doctrina de la expiación vicaria. La objeción más general es que la justicia, como está representada en la ley, no admite tal cosa como un sufrimiento o satisfacción vicaria en materia penal. Se admite generalmente que en casos de deuda pecuniaria el pago por un sustituto no solo es permisible, sino que debe aceptarse e *ipso facto* cancela toda posterior obligación de parte del deudor original. La deuda pecuniaria, se dice, no es tan personal que no pueda transferirse. En dicho caso no hay reclamo sobre la persona del deudor, sino solo sobre su propiedad. No obstante, no debe olvidarse que la deuda pecuniaria puede involucrar culpa personal; la deuda puede ser el resultado de un descuido e incluso de un fraude positivo. Sin embargo, el pago por un sustituto se permite y debe aceptarse. En algunos casos simplemente se solicita al sustituto. Una persona puede pedir prestado dinero con un pagaré que alguna persona responsable firma por él. Si no puede pagar el pagaré en el tiempo adecuado y no puede renovarlo, su fiador tiene la obligación de pagar por él.

Otros casos de sustitución

Pero este no es el único caso en que la sustitución se admite por la ley. J.M. Armourx en su obra sobre la expiación y la ley tiene un capítulo bajo el título «Sustitución Normal en Derecho», en que menciona, además del caso de la deuda pecuniaria, tres tipos de casos en que la ley ha previsto y admitido la sustitución. Para citar: «1. El trabajo para el beneficio público, requerido por la ley, de ciudadanos capaces y calificados dentro de los límites de una determinada edad, podrá ser realizado por cualquier suplente que esté libre de igual obligación, dispuesto y capaz. 2. El consentimiento universal, incluso el servicio militar requerido para la defensa del país puede ser prestado por cualquier suplente que se encuentre libre de la misma obligación, que por cualquier motivo esté dispuesto y listo para actuar como suplente y esté en condiciones de realizar el servicio. Tal sustituto entrando en las filas, si cae en el primer compromiso, no se requiere nada más de aquel en cuyo nombre se alistó. 'Sus labores, sus peligros, sus heridas, su muerte son vicarios' y satisfacen plenamente los requisitos de la ley, ya que la ley ha sido entendida y administrada por los hombres en todas las épocas. — 3. Incluso en el caso de crimen, la ley, tal como la entienden y administran los hombres en todos los países, dispone que la pena pueda ser cumplida por un sustituto, en todos los casos en que la sanción prescrita sea tal que el sustituto pueda cumplirla de forma consecuente con las obligaciones que ya tiene», pág. 129. Es perfectamente evidente que el derecho reconoce el principio de sustitución, aunque puede que no sea fácil citar ejemplos en que se permitió a personas inocentes actuar como sustitutos de criminales y llevar los castigos que se les imponía. Por regla esto encuentra suficiente explicación en el hecho de que es generalmente imposible encontrar hombres que cumplan todos los requisitos para dicha sustitución. Dicho sustituto no debe estar en una relación penal con la ley. Al tomar el lugar de otro no puede resultar en penurias y privaciones para otras personas inocentes. No debe estar bajo ninguna obligación, sino que debe asumir la carga de la culpa voluntariamente; y debe, además, ser capaz de dar cierta seguridad de que el criminal conservará una profunda consciencia de su culpa, del hecho de que merece lo que el sustituto está sufriendo por él, y de la necesidad de enmendar sus caminos. Y en casos de pena capital debe estar convencido de que tiene derecho a disponer de su propia vida. Es posible que ningún hombre pueda jamás cumplir estos requisitos, pero esto no es prueba de que Jesucristo no pudiera cumplirlos. De hecho, Él sí pudo y lo hizo, y por ende fue un sustituto aceptable. Esto se hará evidente si agregamos a lo que se dijo, algunas observaciones en conexión con algunas de las objeciones específicas que están incluidas en la objeción general que se acaban de considerar.

El inocente que sufre por la culpa de los impíos

La objeción general discutida en lo que antecede es en ocasiones establecida tan erróneamente que la hace parecer aún más insostenible. A veces se dice que, según la doctrina de la expiación vicaria, el inocente sufre las consecuencias de la culpa de los impíos. Pero se verá fácilmente que ésta realmente constituye una objeción contra el gobierno moral de Dios en general. Hay abundante evidencia de que en la vida real el inocente sufre a menudo como resultado de las transgresiones de otros. En una riña un inocente espectador es derribado, la familia de un borracho sufre miseria, y los niños abandonados sufren la delincuencia de los padres. Además, en esta forma la objeción se mantendría contra todas las demás denominadas teorías de la expiación, porque todas ellas representan los sufrimientos de Cristo como siendo en algún sentido el resultado de los pecados de la humanidad. El que no tiene pecado sufre por los pecados de otros y para su beneficio. De nuevo, a veces se afirma que un agente moral no puede volverse razonablemente responsable por ningún pecado, excepto si lo hace personalmente. Pero esto también se contradice por los hechos de la vida. Si varios hombres contratan a un asesino para matar a una persona, todos ellos son responsables por el crimen. Los crímenes de John Dillenger y su banda también afectaron a las personas que los ayudaron en su camino, que curaron sus heridas y les dieron cobijo.

Injusticia por parte del Padre

Se dice a veces que la doctrina de la expiación vicaria involucra una injusticia por parte del Padre en que simplemente sacrifica a su Hijo por los pecados de la humanidad. «Cuán cruel e injusto parece», dice Abelardo, «que alguien demande la sangre del inocente como cualquier tipo de rescate, o que se deleite de alguna manera con la muerte del inocente, por no decir que Dios encuentre la muerte de su Hijo tan aceptable, que a través de ella deba reconciliarse con el mundo». Citado por Franks, *A History of the Doctrine of the Work of Christ*, I. pág. 188. Esta objeción pierde de vista muchos hechos pertinentes. No fue el Padre, sino el Dios trino el que concibió el plan de redención. Hubo un acuerdo solemne entre las tres personas de la Divinidad. Y en este plan el Hijo voluntariamente tomó la carga del castigo del pecado y dio completa satisfacción al Padre. Dice: «He aquí, vengo; en el rollo del libro está escrito de mí; el hacer tu voluntad, Dios mío, me ha agradado», y de nuevo, «yo pongo mi vida... Nadie me la quita, sino que yo de mí mismo la pongo» Juan 10:17, 18. Y no solo eso, sino que la obra sacrificial de Cristo también resultó en una inmensa ganancia para Él mismo y en el realce de su gloria mediadora. Significó una simiente numerosa, adoración amorosa y un reino glorioso. Además, esta objeción es algo así como un búmeran, ya que regresa con venganza sobre la cabeza de Abelardo y de todos aquellos que adoptan la teoría de la expiación que niega su necesidad, porque todos están de acuerdo en que el Padre envió a Su Hijo al mundo para un amargo sufrimiento y una muerte vergonzosa que, aunque beneficiosa, era innecesaria. Esto fue realmente cruel.

Unión entre Cristo y los pecadores

De nuevo, se dice a veces que no es concebible que el vicario elimine la culpa de un ofensor, a menos que exista alguna unión real entre ellos que justifique dicho procedimiento. Se puede admitir la verdad general de esto, pero debe notarse que se hizo una provisión para esto en el plan de redención. En las profundidades de la eternidad el Mediador del nuevo pacto libremente se comprometió a ser el representante de su pueblo. Se estableció una relación federal en virtud de la cual se convirtió en el representante de todos aquellos a quienes el Padre le ha dado. Y sobre esta base se formó una unión mística, idealmente en el consejo de paz, para realizarse en el curso de la historia en la unión de Cristo con su iglesia. Cristo podría convertirse en el representante legal de los suyos, y ser místicamente uno con ellos; también podría transmitirles las bendiciones de salvación.

La conexión ética de la expiación

Esto también indica la respuesta que puede darse a otra objeción que en ocasiones se plantea contra la doctrina de la expiación vicaria, a saber, que dicha expiación es puramente legal y que no tiene conexiones éticas, que simplemente prevé un cambio para un cambio en la relación legal del pecador con la ley y con Dios, y no proporciona un cambio en su condición ética y espiritual. Es cierto que la expiación como tal no efectúa un cambio espiritual en el pecador, pero también es cierto que proporciona la única base sólida para su renovación espiritual. Resulta en la reconciliación que es tanto objetiva como subjetiva. Por la gracia de Dios el pecador expiado se apropia la reconciliación que es en Jesucristo y recibe el Espíritu de adopción. Este Espíritu opera en su corazón de tal manera que es renovado a la imagen de Dios y deja de lado la enemistad con Dios que una vez llenó su corazón. De esta forma la obra de la ley se cumple en su vida. Pedro expresa la relación entre los dos cuando dice: «quien llevó él mismo nuestros pecados en su cuerpo sobre el madero, para que nosotros, estando muertos a los pecados, vivamos a la justicia; y por cuya herida fuisteis sanados». 1 Pedro 2:24.

Capítulo 10
Los Modos Pasados y Futuros de la Expiación

✠

El modo de la expiación en el pasado

La palabra «expiación» en sentido histórico, a diferencia de su sentido etimológico, puede dar la impresión de que la obra redentora de Cristo se aplica solo al pasado, que consiste exclusivamente en reparar los pecados cometidos con anterioridad. A ese respecto, la palabra «satisfacción» es una mejor palabra, ya que no tiene necesariamente esa connotación unilateral. Estrictamente hablando, la expiación siempre es retrospectiva y tiene como objetivo compensar los errores del pasado. Y esta es una parte importante del objetivo de la obra de Jesucristo. «Mas él herido fue por nuestras rebeliones, molido por nuestros pecados; el castigo de nuestra paz fue sobre él, y por su llaga fuimos nosotros curados. Todos nosotros nos descarriamos como ovejas, cada cual se apartó por su camino; más Jehová cargó en él el pecado de todos nosotros», Isaías 53:5-6. Dio su vida en rescate por muchos. Su sangre es la «sangre del nuevo pacto, que por muchos es derramada para remisión de los pecados», Mateo 26:28. Él «nos redimió de la maldición de la ley, hecho por nosotros maldición», Gálatas 3:13. En Él «tenemos redención por su sangre, el perdón de pecados según las riquezas de su gracia», Efesios 1:7.

La idea de que se refiere únicamente al pasado; el punto de vista arminiano

A veces se representa como si esto fuera toda la obra de Cristo. Esto lo hacen particularmente aquellos que basan la obra expiatoria de Cristo exclusivamente en sus amargos sufrimientos y en su muerte vergonzosa en la cruz. Sin embargo, Anselmo constituye una excepción, ya que conecta la idea del mérito, aunque en una manera muy artificial, con la noción de una satisfacción del honor de Dios. Desde su punto de vista, Cristo hizo satisfacción por la culpa del pecado por medio de sus sufrimientos y muerte, pero también mereció la vida eterna para el pecador. Sin embargo, la posición de los arminianos es distinta porque reconocen la distinción entre la obediencia pasiva y activa de Cristo, y sostienen que esta última no tiene significado salvífico, ya que Cristo se la debía a Dios por sí mismo. Su obediencia pasiva, por otro lado, sus sufrimientos y muerte, si bien no son el equivalente exacto del castigo correspondiente al pecador, sin embargo, fueron tan aceptables a Dios que lo movieron a dar perdón total al pecador. En ese sentido se puede decir que Él expió por los pecados del pasado, pero por su obediencia activa no mereció la vida para nadie. Su justicia no es la base para nuestra aceptación ante Dios, no es el fundamento para nuestra adopción, y no nos hace herederos de la vida eterna. Solo es nuestra fe, incluyendo una vida de obediencia evangélica, lo que nos es contado por justicia. En esa medida, el hombre debe trabajar en su propia salvación. En este esquema no hay un aspecto futuro de la expiación como tal.

El punto de vista de Piscator; el punto de vista de los wesleyanos arminianos

Una posición similar fue adoptada por un teólogo reformado, Piscator, de cuya doctrina dice Buchanan: «...si bien atribuyó la remisión de los pecados a la obediencia pasiva –los sufrimientos y muerte de Cristo– excluyó la imputación de su obediencia activa, o justicia, como el derecho del creyente a la vida eterna, y así dejó una puerta abierta para la introducción de su propia obediencia personal, como la base de su esperanza futura, después de haber obtenido la remisión de sus pecados pasados». *The Doctrine of Justification*, pág. 175. De algunos principios peculiares de los arminianos wesleyanos o evangélicos, podría parecer que estarían de acuerdo con la proposición de que la justicia de Cristo es imputada a los creyentes, pero de hecho niegan que esto se enseñe en algún lugar de la Biblia. Están completamente de acuerdo con los antiguos arminianos de que la obra expiatoria de Cristo está limitada a su obediencia pasiva, y que en virtud de esto el pecador recibe el perdón de los pecados, pero no es adoptado como hijo de Dios ni hecho heredero de la vida eterna. A diferencia de estos puntos de vista, los teólogos reformados sostienen que la expiación de Jesucristo también tiene un aspecto futuro. No solo tiene el efecto de restaurar al hombre a su estado original, el estado libre de culpa, sino también de hacerlo aceptable a Dios y heredero de la vida eterna.

Negación de varias teorías del modo de la expiación por los pecados pasados

Pero si bien es necesario enfatizar este punto, es igualmente esencial enfatizar el hecho de que la expiación de Cristo no solo tiene un futuro sino también un modo retroactivo. Tiene en cuenta los pecados pasados, y es la base de su perdón. Existen teorías de la expiación que simplemente ignoran los pecados pasados y parten del supuesto de que no requieren expiación. Según estas teorías, la expiación no es retroactiva, sino solo futura. Esta es una negación virtual de toda la idea de la expiación. Una expiación que no es retroactiva no es expiación en el sentido correcto de la palabra. Esto es cierto tanto de la teoría de la influencia moral como de la teoría del ejemplo, según las cuales Dios simplemente deja el pasado atrás y solo está interesado en apartar a los hombres del pecado en el futuro. Es igualmente cierto de la teoría mística con su representación de Cristo como una nueva levadura de la humanidad, por la cual la raza humana es purgada gradualmente de pecado. Como las teorías anteriores, deja a las generaciones anteriores a la encarnación completamente fuera de lugar y no tiene nada que ver con los pecados pasados de aquellos que han llegado a estar bajo la influencia purificadora de Cristo. Lo mismo debe decirse incluso de la teoría gubernamental con su referencia casi objetiva, porque según ella los sufrimientos de Cristo, si bien son un castigo por los pecados pasados, de ninguna manera expiaron el pecado. Constituían simplemente un ejemplo penal infligido en Cristo para disuadir a otros de pecar. No se referían a la eliminación de los pecados pasados, sino solo a la prevención de pecados futuros. En todos estos casos tenemos una supuesta expiación que es exclusivamente futura. Cada una de estas teorías, con la única excepción de la teoría de Grocio o gubernamental, cambia el énfasis de la muerte a la vida de Cristo. Es por su vida más que por su muerte que ejerce una influencia salvífica en la vida de los hombres pecadores. Revela a Dios como un Padre amoroso que, sin requerir ninguna satisfacción por las transgresiones pasadas, está muy dispuesto e incluso ansioso de perdonar a sus hijos descarriados, para recibirlos con favor, y para abrazarlos en su seno, si vienen a Él con corazones arrepentidos. Los llama para que se aparten de sus caminos pecaminosos, los insta a una vida de amor hacia Dios y a sus prójimos, y les da el espíritu de verdadera obediencia como el camino para la vida eterna. Él entra de forma comprensiva en todos sus sufrimientos y luchas, los ayuda a llevar sus cargas, y señala la puerta de esperanza en el reino de Dios. Malentendido y rechazado por sus contemporáneos, su devoción al ideal finalmente resultó en su crucifixión, una «víctima inocente de la inadaptación». Su muerte solo sirve para reforzar las lecciones de su vida. Brunner llama correctamente la atención al hecho de que, en las teorías subjetivas de la expiación, la culpa no se toma seriamente. Dice que: «si la cruz simplemente denota la eliminación de un error religioso, a saber, que Dios no es (debería ser 'es') un juez enojado, entonces la culpa no se toma en serio. Si la culpa se toma en serio, entonces no hay ayuda salvo en un evento real, que realmente nos 'limpie' de la culpa real». *e Mediator*, pág. 471.

La doctrina penal vicaria no es unilateral; los elementos acentuados en otras teorías no pertenecen a la esencia de la expiación

A la doctrina penal sustitutiva de la expiación a menudo se le acusa de unilateralidad, aunque de hecho es menos unilateral que las otras teorías. A veces se dice que limita por completo la obra expiatoria de Cristo a sus sufrimientos y muerte, pero esta acusación, si no es una perversión deliberada de la verdad, se debe a una falta de información. Los reformadores corrigieron en este lugar la visión de Anselmo sobre la satisfacción, como en varios puntos más, y su punto de vista hace plena justicia al significado expiatorio de la vida de Jesús. De hecho, no descuida el significado redentor de los diversos elementos enfatizados en las otras teorías. Incluso podemos ir más allá al decir que estos elementos se ven en su perspectiva correcta sólo en conexión con la doctrina sustitutiva penal. Pero luego se ven, no como elementos que son esenciales para la expiación como tal, y realmente entran en la constitución de ella, sino sólo como algunos de sus resultados concomitantes o subordinados. Martin hace algunos comentarios fuertes pero verdaderos sobre estas teorías. Dice: «No hay medida de verdad en ellos, aunque deberían presentarse como respuestas parciales a la pregunta que profesan resolver. No tienen derecho a ser ni siquiera una parte de la verdad concerniente a la doctrina de la naturaleza intrínseca y objeto inmediato y diseño de la expiación. No hay ni siquiera un elemento de verdad en ellos que se coordine con esa doctrina, tal como la mantiene la iglesia católica sobre Dios ... Y, en tercer lugar: considerado como secundario y como resultado subordinado de la Expiación –no entrando en su naturaleza intrínseca y explicando su diseño inmediato, sino como meros resultados secundarios y subordinados– incluso bajo esta luz, el contenido de estas teorías no es verdad y hecho, sino simplemente como ideas irrealizadas e irrealizables, meras concepciones que las teorías mismas nunca pueden encarnar como realidades. Y en este sentido también, como en todos los demás, no hay medida de verdad en ellas. Nunca pueden traducirse en verdad y hecho, nunca puede emerger del país de los sueños, de la región del ideal y de la mera concepción, hasta que sean reconocidos, no como la esencia y la idea constitutiva de la expiación, sino sólo como el resultado secundario y subordinado de la misma». *The Atonement,* pág. 68 s.

El modelo de los elementos enfatizados por otras teorías

Cristo se presenta, en efecto, como un ejemplo en la Escritura, pero no se representa como salvando a los hombres por medio de su ejemplo; de hecho, nunca se presenta como un ejemplo para los incrédulos sino solo como un ejemplo para aquellos que ya están reconciliados con Dios por medio de Él. Otros no pueden seguir sus pasos, ni siquiera a una distancia remota. Cristo indudablemente ejerce una profunda influencia moral sobre los hombres, pero esta simple influencia moral no tiene una eficacia salvífica. Puede ser una verdadera influencia moral, pero de nuevo solo en las vidas de aquellos que ya están implantados en Él por fe. La obra del Cristo que habita en nosotros se vuelve una parte, no de la expiación –que se presupone– sino de la aplicación de la obra de redención. Los sufrimientos y muerte de Cristo son indudablemente una manifestación del hecho de que el pecado desagrada mucho a Dios, pero el simple espectáculo de su castigo al pecado en Cristo no salvará al pecador. Ni siquiera despertará arrepentimiento en su corazón, a menos que la visión se refuerce por el pensamiento de que el Salvador está sufriendo en su lugar y muere como su sustituto, y ambos sean aplicados salvíficamente por el Espíritu Santo. En vista de todo esto, sostenemos que las teorías en cuestión representan elementos que son verdaderos y efectivos solo si la expiación penal sustitutiva se presupone. E incluso entonces no pueden considerarse como partes integrales de la expiación, sino solo como algunos de sus frutos.

La expiación incluye tanto la obediencia activa como la pasiva

La Expiación en Cristo incluye tanto la obediencia activa como la pasiva. Si bien hacemos esta distinción, sentimos que las dos no se pueden separar de hecho y, por lo tanto, no deben separarse en el pensamiento. Hay una interpenetración entre ellas en cada punto en la vida del Salvador. Fue una parte de su obediencia pasiva que Él, quien era el legislador supremo, viviera en sujeción a la ley. Y también fue parte de su obediencia activa que Él mismo se sujetara voluntariamente a los sufrimientos y la muerte, Juan 10:18. Las dos simplemente forman partes complementarias de su obediencia mediadora.

La obediencia pasiva de Cristo

Cristo entró en la relación penal en la que el pecador por naturaleza está ante la ley, para pagar la pena del pecado en sus sufrimientos y muerte, y para saldar la deuda de su pueblo. Sus sufrimientos no le sobrevinieron accidentalmente, ni como resultado de circunstancias puramente naturales. Se le impusieron judicialmente como nuestro substituto, y fueron, por lo tanto, fueron verdaderos sufrimientos penales. El valor redentor de estos sufrimientos resultó de los siguientes hechos: Fueron soportados por una persona divina que, solo en virtud de su divinidad, pudo llevar el castigo hasta el fin y así liberarse de ella. En vista de este valor infinito de Él como el Hijo de Dios, sus sufrimientos satisficieron la justicia de Dios esencial e intensivamente. Además, fueron estrictamente sufrimientos morales, porque los tomó sobre sí mismo voluntariamente, y fue perfectamente inocente y santo al soportarlos. La prueba escritural de la obediencia pasiva de Cristo se encuentra en pasajes tales como Isaías 53:6; Romanos 4:25; 1 Pedro 2:24; 3:18; 1 Juan 2:2, y muchos otros que ya hemos mencionados en los capítulos anteriores. A este respecto debe tenerse en cuenta que incluso la obediencia pasiva de Cristo no estaba limitada a sus sufrimientos finales y muerte. Toda su vida fue una vida de sufrimiento vicario. Por esta razón, si no es por otra, la objeción es insostenible de que la doctrina penal sustitutiva coloca todo el peso de su obra expiatoria en su muerte sacrificial.

La obediencia activa de Cristo

Pero además de esto, también está la obediencia activa de Cristo. También entró en la relación federal con la ley en que se encontraba originalmente Adán. Se comprometió a observar la ley en su aspecto federal como la condición del pacto de obras, para merecer la vida eterna para el pecador. La obediencia activa de Cristo fue absolutamente esencial, porque sin ella su naturaleza humana no habría cumplido las justas demandas de Dios, y no habría sido capaz de expiar por otros. Además, si simplemente hubiera sufrido el castigo impuesto sobre el hombre, habría dejado a aquellos por quienes pagó el precio en la posición exacta en Adán se encontraba antes de la caída. Y cada individuo se habría confrontado con la tarea de merecer la vida eterna para sí mismo. Si el hombre no puede recibirla sobre la base de la justicia de Jesucristo, tendría que hacer que su propia justicia cuente en esa dirección. Y sería posible que alguien, cuyos pecados ya han sido perdonados, cayera una vez más bajo el poder condenatorio de la ley y perder la meta. Es exactamente la obediencia activa de Cristo lo que da carácter definitivo a la obra de la expiación. Él no permite que la condición final de aquellos por quienes derramó su sangre dependa de una obediencia incierta, sino que la hace absolutamente segura. No trabaja a medias, sino que en su totalidad. Hay abundante prueba bíblica de la obediencia activa de Cristo. Jesús dice a sus discípulos que deben tener una justicia que exceda la justicia de los escribas y fariseos, que era la suya propia, Mateo 5:20. Y Pablo se refiera a ella en muchos lugares. Dice que Cristo se colocó a sí mismo bajo la ley «para que redimiese a los que estaban bajo la ley, a fin de que recibiésemos la adopción de hijos», Gálatas 4:5. Incluso habla de Cristo como «el fin de la ley para justicia a todo aquel que cree», Romanos 10:4. En otro pasaje nos da la reconfortante seguridad de que Dios a aquel que no conocía pecado «por nosotros lo hizo pecado, para que nosotros fuésemos hechos justicia de Dios en Él», 2 Corintios 5:21. Y, finalmente, contrasta su propia justicia con la justicia de Dios, cuando dice: «y ser hallado en él (Cristo), no teniendo mi propia justicia, que es por la ley, sino la que es por la fe de Cristo, la justicia que es de Dios por la fe», Filipenses 3:9. Por su obediencia activa Cristo mereció nuestra adopción en la misma familia de Dios, y nos hizo herederos de la vida eterna, el don gratuito de Dios en Él, Romanos 6:23.

Argumentos arminianos en contra de la obediencia activa

Este es uno de los puntos más importantes en que diferimos de los arminianos. Ellos niegan lo que nosotros afirmamos, a saber, que la obediencia activa de Cristo o su justicia activa es imputada a los creyentes como si fuera propia, y se vuelve la base de su aceptación para con Dios y de su dicha futura. «Para esta noción», dice Watson, «de que la justicia de Cristo es imputada como para ser contada como propia, no hay garantía en la palabra de Dios». *Theological Institutes II*, pág. 428. Habla de esto como el punto de vista de calvinistas y antinomianos. En sus argumentos contra los antinomianos en la página 328 también presenta sus argumentos contra este punto de vista, que se presentan brevemente de la siguiente manera: (1) La Biblia no atribuye dicho significado a la justicia activa de Cristo, sino simplemente lo representa como haciéndole un sacrificio adecuado por el pecado. (2) Esta doctrina realmente hace superfluos los sacrificios de Cristo. Si Él hizo todo lo que la ley nos exige, ya no había necesidad de sufrir en nuestro lugar. Uno de los dos es suficiente. (3) Implica una ficción opuesta a los fines del gobierno moral, y excluye la obligación de la obediencia personal a la ley de Dios. (4) No es satisfacción en el sentido propio, sino simplemente el cumplimiento de todo lo que la ley exige de parte de una persona que sustituye a otra.

Respuesta a los argumentos

Ahora bien, es cierto que, según la Escritura, la obediencia activa de Cristo hizo aceptable su sacrificio, pero este no es el único significado que se le atribuye. Esto se muestra claramente en los pasajes que ya hemos citado. Se hizo pecado por nosotros para que pudiéramos llegar a ser justicia de Dios en Él. El segundo argumento contiene una falacia evidente. La presuposición es que, debido a que el primer Adán tenía que hacer una de dos cosas, ya sea obedecer la ley o cargar con el castigo de su transgresión, esto también aplica al segundo o postrer Adán. Pero esto no es correcto, ya que la entrada del pecado al mundo cambió toda la situación. Después de que se carga con la pena por el pecado, la tarea de asegurar la vida eterna por la obediencia positiva a la ley todavía permanece. Los mismos arminianos notan esto porque enseñan que la obediencia pasiva de Cristo no asegura todavía la vida eterna para el pecador. El pecador solo puede obtenerla al guardar la ley de la obediencia evangélica. Esto prueba que se necesita algo más que los sufrimientos de Cristo para salvación. Dios baja un poco los estándares, pero el pecador debe obedecer la nueva ley, para ser salvo. En su intento de mostrar que esto no es salvación por obras, los arminianos a menudo argumentan de una manera que representa la virtual aceptación de la posición calvinista. El tercer argumento sostiene que la imputación de la justicia de Cristo al pecador involucra una ficción legal opuesta a los fines del gobierno moral, y excluye la obligación de la obediencia personal de la ley de Dios. Sin embargo, la imputación no es ficción, sino una verdad escritural, como aparece en pasajes tales como Romanos 5:18ss; 1 Corintios 1:30; 2 Corintios 5:21. Y esta imputación particular no cancela en ninguna manera la obligación del pecador de guardar la ley de Dios. Simplemente lo libera de la ley como la condición del pacto de obras. El argumento final no importa mucho, ya que se basa en un uso restringido de la palabra «satisfacción». La obediencia activa de Cristo ciertamente sirvió para satisfacer las exigencias de la ley, y en ese sentido puede llamarse satisfacción.

Capítulo 11
Los Efectos Subjetivos de la Expiación

La expiación no es la totalidad de la obra redentora de Cristo

La expiación no es la totalidad de la obra redentora de Cristo, aunque es fundamental. Está enraizada en el consejo de paz y otorga paz para con Dios y la renovación espiritual del pecador. No es simplemente un arreglo por el cual Dios hace la salvación posible, sino una parte muy esencial e incluso la más fundamental de su obra salvífica. Efectúa nada menos que la completa y perfecta redención de los pecadores. Estos resultados no dependen en ninguna manera de la obediencia incierta de los hombres, sino que son absolutamente seguros. Los frutos de la obra meritoria de Cristo son aplicados a aquellos por quienes pagó el castigo y cumple con los requerimientos del pacto de obras.

El resultado inmediato es la reconciliación

El resultado inmediato de la expiación es la reconciliación. En Cristo, Dios se reconcilia con el pecador. Se cumplen todas las exigencias penales de la ley y se evita la ira judicial de Dios. Pero esto no es todo, incluso las exigencias del pacto original son completamente satisfechas. Y sobre la base de la obra terminada de Cristo, Dios ahora ofrece al pecador, no solo el perdón de sus transgresiones pasadas, sino también la aceptación con Él y todas las bendiciones de la salvación. A través del evangelio se le insta a reconciliarse con Dios, es decir, aceptar la reconciliación ofrecida. Solo puede hacer esto por la fe en Jesucristo. Pero incluso esta fe, aunque es un acto voluntario de parte del hombre, no depende de su simple voluntad. En sí misma es un don de Dios en Jesucristo, Efesios 2:8. Dios dota de fe a todos aquellos por quienes Cristo ha hecho expiación y, por lo tanto, hace absolutamente segura la apropiación de su obra redentora. Por fe el hombre acepta la justicia de Cristo como propia, y en virtud de esto es tanto justificado como santificado.

Los frutos de la expiación apropiados por la fe

Por lo tanto, el ejercicio de la fe es un elemento importante en la realización subjetiva de la obra de redención. Es la única condición necesaria para que el sacrificio expiatorio de Cristo sea efectivo en las vidas de los pecadores. La Escritura no nos deja en duda en cuanto a su importancia: «El que cree en el Hijo tiene vida eterna», Juan 3:36. «De éste dan testimonio todos los profetas, que todos los que en él creyeren, recibirán perdón de pecados por su nombre», Hechos 10:43. «Ellos dijeron: Cree en el Señor Jesucristo, y serás salvo, tú y tu casa», Hechos 16:31. «Nosotros también hemos creído en Jesucristo, para ser justificados por la fe de Cristo», Gálatas 2:16.

La naturaleza de la fe salvadora

Es muy evidente que las expresiones usadas (fe en o hacia Jesucristo) no se refieren a un simple asentimiento intelectual de las declaraciones de Cristo o a la verdad de su doctrina, sino también denotan una confianza en Él y en su obra expiatoria. En el ejercicio de esta fe, el pecador aparta la mirada de sí mismo, y mira exclusivamente a Jesucristo para salvación. Deja de confiar en sus propias virtudes y buenas obras, y descansa solamente en la sangre expiatoria y en los méritos del Salvador. Por fe está tan unido a Cristo que puede decir que está en Cristo, y que Cristo vive en él, que está crucificado y ha muerto con Cristo, y que con Él ha resucitado y está sentado en lugares celestiales. Esta concepción rica y plena no tiene lugar en otras teorías de la expiación. En la teoría sociniana del ejemplo la fe es simplemente obediencia a Dios y creer en la verdad del mensaje de Cristo. En la teoría de la influencia moral es un simple asentimiento al mensaje del Redentor y una sumisión voluntaria a su influencia espiritual. En ninguna de estas se puede decir verdaderamente que los pecadores confían en cristo y ponen todos sus intereses a su cargo. Tampoco se puede decir en ningún sentido propio de la palabra que ellos están unidos a Él por fe. Incluso la teoría gubernamental no hace justicia al concepto bíblico de fe. Esta ignora el hecho, enfatizado por la teología protestante, de que en su naturaleza fundamental la fe es puramente receptiva, y la representa como la condición de salvación impuesta soberanamente al hombre como una exigencia legal que debe cumplirse, o como una obra que debe realizar, y que se vuelve el fundamento de su justificación.

El pecador es justificado por fe

Por la fe, el pecador se apropia de la justicia de Jesucristo. Cristo se hizo pecado por él, y el pecador se convierte en la justicia de Dios en Cristo. El efecto inmediato de esto es que está justificado. La justicia de Cristo le es imputada como propia, y Dios declara que para el pecador se cumplen todas las exigencias de la ley. Sus pecados son perdonados, la sentencia de condenación se levanta y recupera el favor. Dios lo pone en la posición de un hijo y lo declara heredero de la vida eterna. La justificación aún no produce un cambio en la condición moral del hombre, pero altera por completo su posición legal. Es bastante evidente en las Escrituras que las palabras «justificar» y «justificación» no tienen un significado moral, sino legal. No se refieren a un cambio de carácter moral, sino a un cambio de relación jurídica. Por un acto declarativo, Dios absuelve al pecador y lo absuelve de las exigencias de la ley, ya que se cumplen en el Mediador. El significado forense o legal de estos términos surge del hecho de que se colocan en oposición a «condenar» y «condena», como, por ejemplo, en Deuteronomio 25:1: «absolverán al justo, y condenarán al culpable»; Proverbios 17:15: «El que justifica al impío, y el que condena al justo, ambos son igualmente abominación a Jehová», Romanos 5:18: «Así que, como por la transgresión de uno vino la condenación a todos los hombres, de la misma manera por la justicia de uno vino a todos los hombres la justificación de vida».

El elemento negativo de la justificación: perdón de pecados

Esta justificación incluye dos elementos, uno negativo y otro positivo. El elemento negativo es el perdón de los pecados. Sobre la base de la justicia de Jesucristo Dios perdona al pecador. Esto no es un acto soberano del Gobernante del universo, un acto que depende meramente de su libre elección; sino un acto judicial del Juez supremo, que toma el debido reconocimiento de las exigencias de la ley y preserva su majestad. No es una declaración de Dios de que simplemente pasará por alto el pecado e ignorará las demandas de la ley (lo que sería injusto), ni que el pecador es inocente en sí mismo (lo que sería falso), sino un pronunciamiento judicial que, en lo que respecta al pecador en cuestión, las exigencias de la ley se cumplen y sus reclamos no se sostendrán más en su contra. Dios le da al pecador la seguridad de que por la sangre expiatoria de Jesucristo se elimina la culpa del pecado, como propensión al castigo, y que no es más objeto de ira. Misericordia y justicia se combinan y operan en perfecta armonía.

El perdón de pecados en otras teorías

En todas las teorías puramente subjetivas de la expiación, el perdón de pecados es simplemente un acto soberano de la misericordia divina, que toma en cuenta poco o nada las exigencias de la ley y el castigo asociado a las transgresiones. Dios es tan bueno y benevolente que no puede insistir de corazón en una justicia estricta e infligir la amenaza del castigo. Simplemente pasa por alto u olvida el pecado como si fuera una cosa insignificante, algo parecido a una ofensa contra un simple individuo privado. Aunque esto se considera como una exhibición del gran amor de Dios, realmente minimiza la manifestación de su amor al suponer que el perdón de los pecados es una cosa simple y sencilla. El costo real del pecado no se toma en consideración. Dicha visión del perdón no le recuerda al pecador la seriedad y la atrocidad del pecado. Tampoco satisface su consciencia, ya que permanece el sentimiento de que las exigencias de la ley no se cumplen y que todavía se debe el castigo. No hay sentido de paz o seguridad. Incluso un unitario como Drummond admite que la doctrina de la expiación vicaria tiene una ventaja aquí. Dice: «Enfatiza lo abominable del pecado como una violación del orden eterno de Dios. Al hacerlo así repite el veredicto de la consciencia, que no reconoce ninguna convención humana, sino una santidad divina en la ley moral. Es esto lo que hace al pecado el mal supremo, y lo trae bajo el juicio de Dios. Aquí entonces, encontramos una verdad que no puede ser expresada suficientemente fuerte, y si el rebelde contra Dios puede entender algo de la desaprobación divina del pecado solo bajo la figura de la ira, es bueno que deje de lado la idea de que Dios es indiferente al pecado». *Studies in Christian Doctrine*, pág. 353s.

El elemento positivo de la justificación: aceptación, adopción

Hay también un elemento positivo en la justificación, que consiste en la aceptación ante Dios o la adopción como hijos. El pecador es puesto en la posición legal de hijo y heredero. Recibe un claro derecho a todas las bendiciones de salvación, de manera que su estado futuro queda asegurado y de ninguna manera depende de su obediencia incierta. La Escritura testifica de esta bendición en más de un lugar. Juan habla de ello en su evangelio cuando dice: «Mas a todos los que le recibieron, a los que creen en su nombre, les dio potestad de ser hechos hijos de Dios», Juan 1:12. Pablo escribe a los romanos: «Pues no habéis recibido el espíritu de esclavitud para estar otra vez en temor, sino que habéis recibido el espíritu de adopción, por el cual clamamos: ¡Abba, Padre!», Romanos 8:15. En su carta a los Gálatas habla de manera similar. Cristo es nacido de una mujer, nacido bajo la ley, «para que redimiese a los que estaban bajo la ley, a fin de que recibiésemos la adopción de hijos. Y por cuanto sois hijos, Dios envió a vuestros corazones el Espíritu de su

Hijo, el cual clama: ¡Abba, Padre!», Gálatas 4:5, 6. La misma verdad encuentra expresión también en Tito 3:7: «...para que justificados por su gracia, viniésemos a ser herederos conforme a la esperanza de la vida eterna». En virtud de su justificación, los creyentes reciben el derecho a todas las bendiciones de la filiación en el presente y en el futuro. Son herederos de Dios. Esto significa que reciben lo que no merecen, y que están aún más seguros de todo lo que incluye su filiación de lo que estarían si dependiera de sus virtudes o buenas obras.

Negación arminiana de este elemento

Aquí de nuevo el arminiano niega lo que afirmamos. Él concede fácilmente que recibamos el perdón de los pecados por los sufrimientos y muerte de Jesucristo, pero considera que esto es toda la justificación. No somos aceptados o adoptados como hijos sobre la base de los méritos de Jesucristo, sino que debemos establecer nuestra propia justicia delante de Dios. Si creemos en Cristo con una fe que incluye la obediencia evangélica, establecemos el fundamento para nuestra aceptación ante Dios; esta fe nos es contada por justicia. Pero debido a que la fe puede fallar en cualquier momento, este fundamento es más bien inseguro, y la seguridad de la salvación es imposible. El hijo de Dios está destinado a vivir en incertidumbre y miedo todos sus días.

La Justificación en la teoría de la influencia moral

No todos los defensores de la teoría de la influencia moral de la expiación hablan de la justificación en el mismo sentido. Para algunos de ellos no es una declaración judicial, sino un acto de renovación espiritual. «Justificar» no significa «declarar», sino «hacer justo». Según Bushnell la fe nos une a Cristo y le da al poder de Cristo la oportunidad de realizar en nosotros la obra de renovación. «Así el pecador es justificado, y la justificación es un asunto de suma importancia, 'la justificación de vida'». *The Vicarious Sacrifice*, pág. 434s. Por lo tanto, la justificación es parte del proceso de renovación o santificación. Otros continúan considerando la justificación como un acto declarativo, pero un acto declarativo en base a una proclividad espiritual o disposición en el hombre, un sometimiento inicial a la operación del Espíritu Santo, y la aspiración de hacer las cosas que agradan a Dios. Dice Stevens: «La justificación por la fe es la aceptación por parte de Dios de la voluntad del acto. La salvación es por aspiración, es decir, por la elección y preferencia del bien. Dios nos acepta y nos trata, no según lo que somos, sino según lo que nos gustaría ser». *The Christian Doctrine of Salvation*, pág. 458. David Smith se expresa de una manera que le recuerda a uno un poco de los otros puntos de vista. *Opág. cit.*, pág. 206 f.

Modos éticos de la expiación

Ellos consideran dichas representaciones necesarias para salvaguardar los modos éticos de la expiación. Pero la doctrina penal sustitutiva de la expiación hace esto con la misma eficacia. En la justificación el pecador recibe la absoluta seguridad de que Dios lo pondrá en posesión de todas las bendiciones de salvación, y esto puede ser hecho y es hecho solo en la forma de una renovación espiritual. La fe por la cual es justificado también lo une a Cristo, de hecho, lo justifica solo debido a que lo une a Cristo. Y en virtud de esta unión mística con Cristo la completa renovación espiritual del pecador está asegurada. El don de Cristo garantiza todos los demás dones, como dice Pablo en Romanos 8:32: «El que no escatimó ni a su propio Hijo, sino que lo entregó por todos nosotros, ¿cómo no nos dará también con él todas las cosas?» Y de nuevo en 2 Corintios 5:17: «De modo que si alguno está en Cristo, nueva criatura es; las cosas viejas pasaron; he aquí todas son hechas nuevas». Cuando Dios nos adopta para ser sus hijos, también envía «a vuestros corazones el Espíritu de su Hijo, el cual clama: ¡Abba, Padre!», Gálatas 4:6. El Espíritu de Cristo es el Espíritu de renovación, que transforma las vidas de aquellos que están unidos a Cristo por fe. «Nosotros todos», dice el apóstol, «mirando a cara descubierta como en un espejo la gloria del Señor, somos transformados de gloria en gloria en la misma imagen, como por el Espíritu del Señor», 2 Corintios 3:18. A quien Dios justifica, también lo santifica y glorifica, Romanos 8:30.

Esta obra de renovación y santificación es principalmente la obra del Espíritu Santo, pero es una obra en la cual el pecador regenerado puede y debe cooperar. El

Espíritu como el principio de una nueva obediencia incluso lo impulsará a decir con Pablo: «Porque según el hombre interior, me deleito en la ley de Dios», Romanos 7:22. Y mientras escuche la voz y siga los impulsos del Espíritu, no pensará en decir lo que, según los oponentes, la doctrina de la justificación les dará ocasión de decir: ¡Continuemos en el pecado para que abunde la gracia! Más bien prestarán atención a la amonestación del apóstol: «Así que, amados, puesto que tenemos tales promesas, limpiémonos de toda contaminación de carne y de espíritu, perfeccionando la santidad en el temor de Dios», 2 Corintios 7: 1.

Capítulo 12
El Diseño Restringido de la Expiación

El verdadero punto en cuestión

Lo dicho en lo que antecede respecto a la relación cercana entre la expiación y el pacto de redención, en que Cristo aparece como el representante, no de todos los hombres, sino solo de aquellos a quienes el Padre le ha dado, ya contiene una clara indicación del diseño limitado de la expiación. Pero no será superfluo prestar particular atención a este tema, especialmente en vista de la convicción generalizada de que la expiación en Cristo tiene un propósito universal. Antes de entrar a una discusión de la cuestión, de si la expiación es universal o particular, será necesario establecer el punto en cuestión de forma clara y precisa. La cuestión no es, si la obra expiatoria de Cristo fue suficiente para todos los hombres, porque esto es admitido por todos. Incluso las iglesias calvinistas establecen esto explícitamente en uno de sus estándares confesionales, a saber, en los Cánones de Dort II, Art. 3. Tampoco lo es si la expiación realmente efectúa o al menos asegura la salvación de todos los hombres, ya que esta posición extrema es tomada solo por los universalistas absolutos, que son pocos en número y toman poco en cuenta las enseñanzas de la Escritura. Sobre la base del amor de Dios simplemente concluyen que todas las almas están incluidas en el propósito redentor misericordioso de Dios, y son salvadas por Cristo como la más alta revelación del amor de Dios.

Posición luterana

El verdadero punto en cuestión en la controversia que se ha mantenido durante siglos corresponde al diseño o propósito de la expiación. ¿Acaso Dios, al enviar a su Hijo al mundo para ser el Salvador de los pecadores, y Cristo, al asumir la obra de la redención, quiso salvar a todos los hombres, es decir, a todos los individuos de la raza humana? ¿O tenían la intención de salvar solo a los elegidos, llegando Cristo a ser su representante en el consejo de la redención? Los luteranos y arminianos toman la primera posición, y los calvinistas la segunda. Koestlin llama la atención al hecho de que Lutero en su período temprano creyó aparentemente en una expiación limitada, pero después aceptó el punto de vista amplio. *The Theology of Luther II*, págs. 287, 288. El Dr. Valentine, el difunto profesor de teología sistemática en el *Lutheran Seminary* en Gettysburg, expresa la doctrina de su iglesia en las siguientes palabras: «El propósito de la expiación fue eliminar los obstáculos morales y legales para la salvación de todos los hombres, de modo que sea aplicable tanto a unos como a otros en términos abiertos e imparciales para todos». *Christian Theology II*, pág. 159.

Posición arminiana

La posición arminiana está en completa armonía con esto, como aparece en el segundo de los cinco artículos arminianos, donde leemos que «Jesucristo, el salvador del mundo, murió por todos y cada uno de los hombres, de modo que ha obtenido para ellos, por su muerte en la cruz, redención, y el perdón de los pecados; sin embargo, nadie disfruta este perdón de pecados, excepto el creyente». Watson dice que la cuestión «puesta en su forma más simple es si nuestro Señor Jesucristo murió por todos los hombres, para que todos pudieran alcanzar la salvación. La respuesta afirmativa a esta pregunta es, creo, la doctrina de la Escritura». *Theological Institutes III*, pág. 2. Miley expresa el punto muy claramente cuando dice: «La verdadera investigación, por tanto, respeta la voluntad del Padre y del Hijo, o cuál fue la voluntad de cada uno respecto al alcance de la expiación». *Systematic Theology II*, pág. 221.

Declaración de la cuestión por los calvinistas

Que este es también el sentido en el que los calvinistas entienden la pregunta, se desprende de las siguientes declaraciones. «El eje sobre el que gira la controversia, con respecto al alcance de la expiación, es cuál fue el propósito del Padre al enviar al Hijo a morir, y el objetivo que Cristo tenía en mente al morir; no cuál es el valor y la eficacia de su muerte». Turretin, *The Atonement of Christ*, pág. 124. «Pero la pregunta se relaciona verdadera y únicamente con el designio del Padre y del Hijo con respecto a las personas para cuyo beneficio se hizo la expiación; es decir, a quienes se aplicaría la expiación al ser realizada», Hodge, *Atonement*, pág. 359. «La controversia con respecto al alcance de la expiación no gira – aunque muchos de los universalistas quisieran que así fuera– sobre la cuestión de la suficiencia infinita de los sufrimientos y méritos de Cristo; sino que debe girar sobre la cuestión del propósito, diseño o intención de Dios al infligir sufrimientos y muerte a Su Hijo, y de la intención de Cristo al someterse voluntariamente a ellos». Cunningham, *Historical Theology* II, pág. 334.

Construcción de la doctrina semipelagiana y arminiana

El punto de vista más prevaleciente es el de la expiación universal, pero esta doctrina no es interpretada por todos exactamente en el mismo sentido. Los semipelagianos y arminianos son de la opinión que, ya que el hombre por el pecado perdió la habilidad de cumplir las condiciones del pacto de vida (o de obras), ahora Dios le ofrece salvación en otros términos más sencillos, a saber, fe y arrepentimiento u obediencia evangélica. Él hace esta oferta en vista de la obra de Jesucristo que, en dicha teoría, hizo posible la salvación para cada individuo de la raza humana al pagar el castigo por el pecado. Cristo murió por todos los hombres de forma distributiva, y dio a todos los hombres la gracia suficiente para capacitarlos para arrepentirse y creer. Ahora simplemente depende de la voluntad de ellos si finalmente serán salvados o no. Se admite que la aplicación de la expiación no es universal. Los artículos arminianos establecen que «ninguno realmente disfruta del perdón de los pecados, a excepción del creyente», y el Concilio de Trento dice que «el Padre celestial, el Padre de misericordias, envió a Cristo, su Hijo, a los hombres, para que todos pudieran volverse sus hijos adoptivos... sin embargo, aunque murió por todos, no todos reciben los beneficios de su muerte, sino solo aquellos que se vuelven participes de los méritos de su pasión». Sesión VI, c., 2, 3. Se hizo una distinción entre lo que a menudo se llama «petición» (compra) y la aplicación de la redención.

Representación luterana de la misma

Los luteranos sostienen que Dios envío a su Hijo al mundo para hacer una satisfacción legal plena y real por los pecados de todos los hombres individualmente. Sobre la base de esta satisfacción perfecta, la oferta de salvación ahora es hecha a todo aquel que escuche el evangelio. En la llamada del evangelio y en los sacramentos reciben una gracia que, si no se resiste, es suficiente para asegurar su salvación real. Knapp lo expresa así: «*Actu primo*, Cristo murió por todos los hombres, pero *actu se-*

cundo, no por todos los hombres– es decir, según el propósito de Dios, todos podrían ser exentos del castigo y ser felices por la muerte de Cristo, pero no todos permiten que este propósito se haga efectivo con respecto a sí mismos, y solo los creyentes realmente alcanzan esta bienaventuranza». *Christian Theology*, pág. 348.

El Punto de vista de la escuela de Saumur

La idea de la escuela de Saumur y sus seguidores, llamados calvinistas universalistas, es diferente. Asumen un decreto doble respecto a la redención del hombre, uno general y el otro particular. Conforme al primero, Cristo vino al mundo con el propósito de salvar a todos los hombres condicionalmente, es decir, con la condición de que creyeran. En virtud de este decreto, que antecede al decreto de elección, su obra naturalmente no tuvo una relación especial sobre el número de elegidos, y de hecho no aseguró la salvación de un solo pecador. Simplemente hizo posible la salvación para todos. Ya que Dios previó que, debido a la iniquidad de sus corazones, nadie creería, determinó en un segundo decreto otorgar a algunos la fe que se requería para salvación. De acuerdo con este decreto, Cristo vino al mundo a comprar la salvación absolutamente para un número elegido. No solo hizo les hizo posible la salvación, sino que la hizo efectiva en sus vidas. Este es un intento fallido de combinar el arminianismo y el calvinismo. Cf. Turretin, *The Atonement of Christ*, pág. 119 s.

El Punto de vista calvinista

Todos estos puntos de vista tienen un elemento en común: asumen que existe una diferencia en el alcance entre el designio de la obra expiatoria de Dios en Cristo y el resultado realmente logrado, entre la expiación objetiva y su aplicación subjetiva. En oposición a todas estas teorías, el calvinista sostiene que el diseño de la expiación fue limitado, es decir, que Dios envió a su Hijo al mundo con el propósito de expiar por los pecados de los elegidos, y que Cristo dio su vida solo por aquellos que le fueron dados por el Padre. Además, creen que la expiación es eficaz en las vidas de aquellos por quienes fue hecha. Necesariamente lleva consigo todo lo que se necesita para la aplicación de la obra de redención. Cristo no solo hizo posible la salvación, sino que realmente salva, y salva hasta lo sumo a todo aquel por quien hizo la expiación. Los designios de Dios no fallan porque los hombres no cumplan los requisitos del evangelio. Este punto de vista se sustenta por muchas consideraciones.

Prueba de la doctrina de la elección

La doctrina de la elección soberana, como se enseña en la Escritura, puede ciertamente considerarse como una expresión del propósito de Dios respecto a la redención de los pecadores. Es en el sentido de que Dios desde toda la eternidad decreta salvar a cierto número definido de la raza humana caída, y al mismo tiempo determinó los medios por los cuales efectuaría su salvación. Es razonable suponer que adaptó los medios precisamente al fin que tenía en vista. Dado que la elección fue claramente personal al decretar la salvación de ciertas personas que se resaltaron claramente en la mente de Dios, solo podemos suponer que también designó los medios necesarios para ellas y para nadie más y los hizo efectivos para el fin que tenía en vista. ¿Qué coherencia hubiera habido en la elección de Dios de ciertas personas para vida eterna, luego enviar a Cristo al mundo para hacer posible la salvación de todos los hombres, aunque segura para nadie, y finalmente los dejara enteramente aceptar o rechazar la salvación ofrecida, quizá solo para descubrir que otros, además de aquellos a quienes Él había elegido, aprovecharon la oportunidad? Y no ayuda mucho sustituir la predestinación por la presciencia, como lo hace el arminiano. Si Dios sabe exactamente, como lo hace, quién aceptará o no la oferta de salvación, ¿parece razonable pensar que enviaría a Cristo al mundo para sufrir y morir con el propósito de salvar a aquellos de quienes está seguro de que nunca cumplirán las condiciones y ser salvos? La pregunta de Boettner es muy pertinente: «¿Quién puede creer que Él, como un débil mortal, 'dispararía a la parvada sin percibir a las aves individuales'?» Además, debe tenerse en cuenta que la voluntad positiva de Dios, su decreto eterno, no puede ser frustrado por los hombres. «El consejo de Jehová permanecerá para siempre», Salmo 33:11. «Mi consejo permanecerá, y haré todo lo que quiero; y lo haré venir, y también lo haré», Isaías 46:10, 11. «En él asimismo tuvimos herencia, habiendo sido predestinados conforme al propósito del que hace todas las cosas según el designio de su voluntad», Efesios 1:11. Según la doctrina de la expiación universal, se frustra el mismo propósito de Dios. Si bien Él se propone salvar a todos los hombres, solo un número limitado en realidad se salva. El propósito de Dios es derrotado por la incredulidad. El hombre, en vez de Dios, está en control de los destinos de la vida.

Prueba del consejo de la redención

Un argumento relacionado se deriva del consejo de redención. En este pacto una relación definida se estableció entre Cristo y aquellos por quienes iba a dar su vida. Se volvió su representante, y de este modo puso las bases para su obra expiatoria. Sin dicha relación personal o unión vicaria, la expiación hubiera sido imposible. Ahora bien, es perfectamente evidente que este pacto no incluyó a todos los hombres, sino solo a un número limitado. Jesús habla repetidamente de aquellos a quienes el Padre le había dado, Juan 10:29; 17:6, 9, 11, 12, 24, en oposición a otros que son del mundo. Si surge la cuestión de si este dar no puede referirse a un dar en el tiempo por medio de la regeneración, el llamado y la conversión, puede decirse que esta interpretación está claramente descartada por un pasaje tal como Juan 6:37. «Todo lo que el Padre me da, vendrá a mí; y al que a mí viene, no le echo fuera». Además, claramente se enseña en la Escritura que el pacto de gracia, que se basa en el consejo de la redención no incluye a todos los hombres. La obra de Cristo está claramente conectada con el pacto de redención o el pacto de gracia, y no puede disociarse de él. Se le llama el mediador de un nuevo pacto. Hebreos 8:6; 9:15; 12:24, y fiador de un mejor pacto, Hebreos 7:22. Desde entonces, Él es el mediador y fiador de un número limitado, no podemos proceder muy bien sobre la suposición de que puso su vida con el propósito de salvar a todos los hombres.

Prueba del hecho de que Dios no requiere una doble satisfacción

Otro argumento se basa en el hecho de que, según la doctrina de la expiación universal, como sostienen algunos, Dios realmente exige una doble satisfacción por el pecado. Si Cristo realmente satisfizo las exigencias de la ley por todos los hombres, si hizo expiación o enmienda por todos, cumpliendo todos sus requisitos legales, parecería que la ley no tendría más derechos sobre ellos como condición de vida, y no podría muy bien exigirles otra satisfacción mediante el castigo eterno. Si se dice que esto se debe a que los pecadores no aceptaron la expiación, la respuesta es que, según la Escritura, la expiación de Cristo necesariamente conlleva la realización de la obra de redención, ya que Él pagó el castigo de aquellos por quienes expió en su totalidad y mereció por ellos todo lo necesario para la salvación. A través de su obra expiatoria no solo les hizo posible la salvación, sino que de hecho asegura su reconciliación y la aplicación de todo lo que ha merecido por ellos. El buen pastor da su vida por las ovejas y las trae, Juan 10:15, 16. «Porque si siendo enemigos, fuimos reconciliados con Dios por la muerte de su Hijo, mucho más, estando reconciliados, seremos salvos por su vida» Romanos 5:10, cf. también 2 Corintios 5:21; Gálatas 1:4; Efesios 1:7. La fe misma es un don de Dios y un fruto de la obra expiatoria de Cristo, Efesios 2:8. Cristo no solo pone la salvación a disposición del hombre, sino que lo salva, Hebreos 7:25. Esto significa que no hay condenación para aquellos por quienes fue pagado el precio.

Prueba de la intercesión de Cristo

La estrecha conexión entre la expiación y la obra intercesora de Cristo nos proporciona otro argumento para una expiación limitada. La expiación y la intercesión son simplemente dos partes integrales de su obra sacerdotal, de la cual la última se basa en la primera de tal manera que las dos son, por la naturaleza del caso, igualmente restringidas en lo que concierne a sus objetivos. La intercesión de Cristo consiste en parte en la presentación de su sacrificio expiatorio al Padre como el fundamento sobre el cual espera confiadamente las bendiciones de salvación para su pueblo, y en una indicación de su voluntad en oración para que las bendiciones de salvación compradas sean conferidas. Esta oración naturalmente apunta a la realización de la obra de redención en todos aquellos para quienes fue hecha la expiación y, sin embargo, está claramente limitada en su extensión. Esto se sigue del hecho de que su oración siempre es efectiva y, sin embargo, innumerables personas no se salvan. Dice que el Padre siempre lo escucha, Juan 11:42, y se siente justificado al dar a su oración intercesora una forma de demanda: «Padre, aquellos que me has dado, quiero que donde yo estoy, también ellos estén conmigo», Juan 17:24. Además, dice expresamente: «Yo ruego por ellos; no ruego por el mundo, sino por los que me diste», y «Mas no ruego solamente por éstos, sino también por los que han de creer en mí por la palabra de ellos», Juan 17:9, 20. Y si solo ora por ellos, parecería derivarse que solo ellos fueron los objetos de su obra expiatoria. Este argumento no se ve afectado por la oración de Jesús registrada en Lucas 23:34, que es simplemente una oración para que el Padre no ponga el pecado de la crucifixión en la cuenta especial de aquellos que realmente participaron en ella, ya que lo estaban haciendo en la ignorancia. No forma parte de su obra oficial de intercesión.

Prueba desde los pasajes de la Escritura

Además, hay varios pasajes de la Escritura que contienen una clara delimitación de la obra de expiación en lo que respecta a sus objetivos. En la anunciación el ángel dijo: «y llamarás su nombre Jesús, porque él salvará a su pueblo de sus pecados», Mateo 1:21. Jesús mismo habló con una restricción similar cuando dijo: «Yo soy el buen pastor; el buen pastor su vida da por las ovejas» Juan 10:11, 15. En el capítulo siguiente el escritor del cuarto evangelio habla de Jesús como muriendo por la nación, «y no solamente por la nación, sino también para congregar en uno a los hijos de Dios que estaban dispersos», Juan 11:51, 52. Pablo amonesta a los ancianos de

Éfeso «apacentar la iglesia del Señor, la cual él ganó por su propia sangre», Hechos 20:28. La misma verdad, que Cristo se dio a sí mismo por la iglesia, también se enseña en Efesios 5:25. En el versículo 23 (KJV) es llamado específicamente «el salvador del cuerpo, que es la iglesia». Y Romanos 8:32ss enseña que murió por los elegidos: «El que no escatimó ni a su propio Hijo, sino que lo entregó por todos nosotros, ¿cómo no nos dará también con él todas las cosas? ¿Quién acusará a los escogidos de Dios?».

Prueba de los absurdos de la posición contraria

Además, un argumento puede derivarse de los absurdos involucrados en la posición contraria. Si procedemos sobre la suposición de que Cristo fue enviado al mundo y murió con el propósito expreso de salvar a todos los hombres, entonces se sigue: (1) Que debemos estar listos para creer que la voluntad positiva de Dios, su propósito divino, y no simplemente su voluntad revelada, puede ser frustrada por el hombre, y que la obra de Cristo fue un riesgo incierto, fracasó en gran medida, y podría incluso haber fallado completamente, de tal manera que ni un solo pecador fuera salvo. Pero esto es contrario a pasajes tales como Salmo 33:11; Isaías 46:10. (2) Que Cristo no hizo más que hacer posible la salvación para los pecadores, dejando que su realización verdadera dependiera de la obediencia incierta del hombre, y que, si bien Cristo expió por todos, la aplicación de su obra simplemente depende de la respuesta del hombre. Pero según la Escritura, la compra y el otorgamiento de la salvación están inseparablemente conectadas, Romanos 5:10; 8:32–34; Gálatas 1:4; Efesios 1:7; Hebreos 7:25. (3) Que muchos cuyos pecados fueron expiados y por quienes se pagó el castigo, aún están perdidos y tendrán que pagar el castigo del pecado eternamente, una posición muy inconsistente, de la cual no existe escape lógico, excepto en el calvinismo o en el universalismo absoluto. Incluso tendríamos que creer en el absurdo de que Cristo puso su vida para la salvación de aquellos que ya habían muerto en sus pecados y fueron consignados a las tinieblas de afuera. (4) Que Cristo por su obra expiatoria no mereció fe, arrepentimiento y todas aquellas gracias del Espíritu que constituyen la aplicación de la obra de redención. Pero la Biblia enseña todo lo opuesto, Romanos 5:10; Gálatas 3:13, 14; Efesios 1:3, 4, 8–10; 2 Timoteo 2:25; Tito 3:5, 6.

Capítulo 13
Consideraciones a las Objeciones de la Doctrina de una Expiación Limitada

☦

Objeciones naturalmente esperadas

No puede negarse que se pueden plantear algunas objeciones contra la doctrina de la expiación limitada. No admitir esto sería tonto y podría ser incluso indicación de ignorancia o superficialidad. La situación en el mundo teológico nos llevaría a sospecharlo *a priori*. Debe haber algunas razones al menos aparentemente adecuadas del por qué todas las iglesias, menos las calvinistas, rechazan esta doctrina. Al mismo tiempo no debe olvidarse que la doctrina de la expiación universal está cargada con incluso mayores dificultades. Las objeciones a la doctrina de la expiación de Cristo por los pecados de los elegidos solo pueden, y generalmente están, organizadas bajo los siguientes incisos: (1) pasajes que enseñan que Cristo murió por el mundo o por todos los hombres, (2) pasajes que implican la posibilidad de que algunos por quienes Cristo murió se pierdan, y (3) la universal y sincera oferta de salvación. Consideraremos estos sucesivamente.

Hay varios pasajes de las Escrituras que enseñan, ya sea explícita o implícitamente, que Cristo murió o se dio a sí mismo «por el mundo» o «por todos». Remensnyder, un autor luterano, después de referirse a algunos de ellos, dice: «Esos pasajes son tan específicos que no podemos confundir su significado. Muestran que el esquema divino de la redención era completo y universal». *The Atonement and Modern Thought*, pág. 84. Los arminianos en general opinan que la doctrina de la expiación universal se enseña tan claramente en las Escrituras que no se puede negar sin ir en contra de la verdad revelada.

Pasajes que aparentemente enseñan que Cristo expió por el mundo

Los siguientes pasajes se mencionan particularmente como enseñando que Cristo murió por todo el mundo: Juan 1:29, «He aquí el Cordero de Dios, que quita el pecado del mundo»; Juan 3:16, «Porque de tal manera amó Dios al mundo, que ha dado a su Hijo unigénito, para que todo aquel que en él cree, no se pierda, más tenga vida eterna»; Juan 6:33, 51, «Porque el pan de Dios es aquel que descendió del cielo y da vida al mundo... y el pan que yo daré es mi carne, la cual yo daré por la vida del mundo»; Romanos 11:12, 15, «Y si su transgresión es la riqueza del mundo, y su defección la riqueza de los gentiles, ¿cuánto más su plena restauración?... Porque si su exclusión es la reconciliación del mundo, ¿qué será su admisión, sino vida de entre los muertos?»; 2 Corintios 5:19, «que Dios estaba en Cristo reconciliando consigo al mundo»; 1 Juan 2:2 «Y él es la propiciación por nuestros pecados; y no solamente por los nuestros, sino también por los de todo el mundo».

Respuesta a esta objeción

La objeción basada en estos pasajes procede de la suposición injustificada de que el término «mundo» invariablemente, o al menos en los pasajes citados, denota a todos los individuos que constituyen la raza humana. Pero es muy evidente en las Escrituras que el término tiene una variedad de significados. Una mera lectura de los siguientes pasajes probará esto de manera concluyente: Lucas 2:1; Juan 1:10; Hechos 11:28; 19:27; 24: 5; Romanos 1:8; Colosenses 1:6. También está claro que, cuando se usa para los hombres, no siempre incluye a todos los hombres, Juan 7:4; 12:10; 14:22; 18:20; Romanos 11:12, 15. Además, debe notarse que en algunos de los pasajes citados la palabra no puede denotar a todos los hombres. Si tiene ese significado en Juan 6:33, 51, esos pasajes enseñan que el pan de vida, que descendió del cielo, en realidad da vida a todos los hombres, es decir, los salva a todos. Esto es más de lo que creen los propios oponentes. Los pasajes prueban demasiado y, por lo tanto, no prueban nada. Nuevamente, en Romanos 11:12, 15 la palabra «mundo» no puede incluir todo, porque el contexto claramente excluye a Israel. Además, estos pasajes también hablan de la aplicación de la obra de redención, y en el supuesto de que la palabra «mundo» denota a todos los hombres, probaría más de lo que se pretende, a saber, que los frutos de la obra expiatoria de Cristo se aplican realmente a todos. Sin embargo, sí encontramos en ellos una indicación del hecho de que la palabra «mundo» se usa a veces para indicar que el particularismo del Antiguo Testamento pertenece al pasado y dio paso al universalismo del Nuevo Testamento. Las bendiciones del Reino no eran solo para Israel, sino para todas las naciones del mundo, Mateo 24:14; Marcos 16:16; Romanos 1:5; 10:18. Con toda probabilidad, esta es la clave para la interpretación de la palabra «mundo» en pasajes como Juan 1:29; 6:33, 51; 2 Corintios 5:19; 1 Juan 2: 2. El Dr. Shedd supone que la palabra «mundo» significa todas las naciones en Mateo 26:13; Juan 3:16; 1 Corintios 1:21; 2 Corintios 5:19; 1 Juan 2:2; pero sostiene que en otros lugares denota el mundo de los creyentes o la iglesia. Él le atribuye este significado en Juan 6:33, 51; Romanos 4:13; Romanos 11:12, 15. *Dogm. Theol. II*, pág. 479s. El Dr. Kuyper expresa una idea similar, a saber, que la palabra «mundo» denota el núcleo real del mundo, el organismo de la humanidad que es salvado por Jesucristo, y encuentra que así se usa en Juan 4:42; 3:16; 1:29, y otros pasajes. *Uit het Woord, Tweede Serie*, 1, pág. 409 s. Van Andel también aplica esta idea en la interpretación de Juan 1:29; 3:16; 2 Corintios 5:19. La dificultad es que, sobre esta suposición, la palabra «mundo» se considera como una designación de dos conceptos opuestos, a saber, la raza humana como alejada y opuesta a Dios, y la raza humana elegida y redimida, y unida en el servicio de Dios.

Pasajes que aparentan enseñar que Cristo expió por todos; respuesta a las objeciones

Existen también un número de pasajes que hablan de Cristo como habiendo muerto por todos los hombres, Romanos 5:18; 1 Corintios 15:22; 2 Corintios 5:14; 1 Timoteo 2:6; Tito 2:11; Hebreos 2:9. A estos pueden añadirse aquellos pasajes que expresan la idea de que es la voluntad de Dios que todos se salven, 1 Timoteo 2:4; 2 Pedro 3:9. Pero estos pasajes no prueban el punto en absoluto, ya que es perfectamente evidente que la palabra «todo» no siempre significa «cada individuo de la raza humana». El significado de la palabra está naturalmente determinado por el contexto. Si se habla de la reunión de una sociedad y se dice que todos estaban ahí, naturalmente se quiere decir, no cada individuo de la raza humana, sino todos los miembros de la sociedad en consideración. Cuando un predicador sustituye a otro y de regreso a casa dice, todos se sorprendieron de verme, naturalmente se refiere a un número limitado de la raza, a saber, a la gente de la iglesia que sirve. De nuevo, cuando un trasatlántico se hunde, y se informa que todos se salvaron, la palabra «todos» solo se puede referir a aquellos que estaban en el barco. Todo esto es tan autoevidente que difícilmente necesita afirmarse y, sin embargo, los defensores de la expiación limitada a menudo acusan a sus oponentes de rechazar aceptar las claras enseñanzas de la Escritura, y afirman con un aire de impaciencia que cuando la Biblia dice «todos» significa todos, es decir, cada individuo de la raza humana.

En algunos pasajes mencionados antes, el significado de la palabra «todos» está claramente restringido por el contexto. Por ejemplo, la conexión claramente muestra que el «todos» o «todos los hombres» de Romanos 5:18 y 1 Corintios 15:22 incluye solo aquellos que están en Cristo. Todos los que están en Adán son contrastados con todos los que están en Cristo. Si la palabra «todos» no está limitada en estos pasajes, sino que realmente se refiere a todos los individuos de la raza humana, entonces enseñan, no solo que Cristo expió por todos los hombres distributivamente, haciendo así posible la salvación para todos, sino también que realmente los justifica y los dota de nueva vida, así que todos son salvos sin excepción. De esa forma, el arminiano se ve forzado a entrar al campo del universalismo absoluto, donde no quieren estar. Existe una limitación similar en 2 Corintios 5:14: «Porque el amor de Cristo nos constriñe, pensando esto: que si uno murió por todos, luego todos murieron». La muerte de Cristo es la muerte de todos a la ley, al yo, y al pecado, y esto resulta en una vida para Cristo. Pero esto solo puede decirse de aquellos que son realmente salvados. Pablo sufrió esa muerte, y estaba, por lo tanto, ahora constreñido por el amor de Cristo como el principio rector de su vida. Tito 2:11 habla de una aparición de la gracia de Dios, trayendo salvación a todos los hombres de tal manera que los instruya «que, renunciando a la impiedad y a los deseos mundanos, vivamos en este siglo sobria, justa y piadosamente». La gracia de Dios ciertamente no se revela a todos los hombres de esa manera. El «todos» en este versículo evidentemente se refiere a todas las clases de hombres. Incluso Moses Stuart, que cree en una expiación universal, admite que la palabra «todos» en Hebreos 2:9 no puede tomarse en un sentido general, sino que se refiere a los judíos y gentiles. Él da la misma explicación en los casos de 1 Timoteo 2:3, 4 y Tito 2:11. Los pasajes en 1 Timoteo 2:3, 4 y 2 Pedro 3:9 refieren a la voluntad revelada de Dios de que tanto judíos como gentiles deben ser salvos, pero no implica nada en cuanto a la intención universal de la expiación.

La posibilidad de que se pierdan aquellos por quienes Cristo murió

Una segunda objeción a la doctrina de una expiación limitada se basa en unos pocos pasajes que se dice que implican la posibilidad de que aquellos por quienes Cristo murió finalmente se pierdan, Romanos 14:15; 1 Corintios 8:11; 2 Pedro 2:1; Hebreos 10:29. En el primer pasaje leemos: «No hagas que por la comida tuya se pierda aquel por quien Cristo murió». Un pasaje muy similar es el de 1 Corintios. 8:11: «Y por el conocimiento tuyo, se perderá el hermano débil por quien Cristo murió». En ambos casos se advierte a los hermanos más fuertes de la iglesia que no pongan una ofensa (un SKANDALON o una trampa) en el camino de los hermanos más débiles, y de esa forma hacer algo que en sí mismo podría hacerlos tropezar, caer de la fe, y finalmente perecer. Al hacer eso, estarían actuando completamente en contra del espíritu de Cristo. Él Murió para salvar a estos hermanos más débiles, y los más fuertes deben estar dispuestos a renunciar a cierto privilegio para mantenerlos en el camino de la salvación. Estos pasajes no implican que los hermanos más débiles pudieran en realidad apartarse y perecer más de lo que las advertencias y exhortaciones dirigidas a los creyentes a lo largo del Nuevo Testamento proceden de la suposición de que aún podrían caer de la gracia y perecer. Son evidencias del hecho de que Dios usa medios para mantenerlos en el camino de la salvación, y que entre estos medios las advertencias contra las malas influencias y tendencias ocupan un lugar importante. Algunos comentaristas asumen que la palabra «perecer» en estos pasajes no se refiere necesariamente a la destrucción eterna, sino que simplemente puede significar «amargar» o «dañar».

Los otros dos pasajes son de algún tipo diferente. En Hebreos 10:29: «¿Cuánto mayor castigo pensáis que merecerá el que pisoteare al Hijo de Dios, y tuviere por inmunda la sangre del pacto en la cual fue santificado, e hiciere afrenta al Espíritu de gracia?» Y en 2 Pedro 2:1: «Pero hubo también falsos profetas entre el pueblo, como habrá entre vosotros falsos maestros, que introducirán encubiertamente herejías destructoras, y aun negarán al Señor que los rescató, atrayendo sobre sí mismos destrucción repentina». Estos pasajes constituyen de hecho una verdadera dificultad, pero se pueden explicar sin asumir que Cristo murió por todos los hombres. La explicación más plausible es la dada por Smeaton, como la interpretación de Piscator y de las anotaciones holandesas, en su comentario sobre 2 Pedro 2:1, a saber, «que estos falsos maestros son descritos según su propia profesión y el juicio de caridad. Se dieron a sí mismos como hombres redimidos, y así fueron contados en el juicio de la Iglesia mientras permanecieron en su comunión». *The Doctrine of the Atonement as Taught by the Apostles*, pág. 447.

Objeción derivada de la oferta universal de salvación

La tercera principal objeción de una expiación limitada se deriva de la oferta universal de salvación. Los arminianos no tardaron en plantear la objeción de que los calvinistas con su doctrina de la elección incondicional y la expiación limitada no podían ofrecer seriamente la salvación de Cristo a todos los hombres. Pero el Sínodo de Dort no concedió el argumento y explícitamente afirmó que la llamada del evangelio no solo es universal, sino también perfectamente sincera de parte de Dios. Sin embargo, se debe admitir que ha habido calvinistas que han mostrado considerables dudas sobre este punto. Y no necesitamos elogiarnos pensando que podemos fácilmente reconciliar la doctrina de la elección incondicional y de una expiación limitada con la oferta universal *bona fide* de la salvación, porque, a pesar de todo lo que se pueda decir, todavía quedarán algunas dificultades. Es costumbre señalar que el sacrificio de Cristo fue de valor infinito y, por lo tanto, suficiente por el pecado de todo el mundo, pero esto no resuelve el problema.

El problema visto por el Dr. Cunningham

En relación con esta cuestión, el Dr. Cunningham llama la atención sobre una distinción muy importante. Nos tomamos la libertad de citarlo algo extensamente: «Hay, obviamente, dos preguntas que pueden ser consideradas sobre este tema: Primero, ¿es necesaria una expiación ilimitada para garantizar a los ministros del evangelio, o a cualquiera que pueda estar buscando liderar a otros al conocimiento salvífico de la verdad, que ofrezcan a los hombres, sin excepción, perdón y aceptación, e invitarlos a venir a Cristo? Y, en segundo lugar, ¿es necesaria una expiación ilimitada para justificar a Dios al mandarnos y autorizarnos, y exigirnos que dirijamos tales ofertas e invitaciones universales a nuestros semejantes? El descuido de mantener estas dos preguntas separadas a veces ha introducido error y confusión en la discusión de este tema. Es la primera cuestión la que tenemos que abordar más inmediatamente, ya que afecta a un deber que estamos llamados a cumplir, mientras que el segundo es evidentemente por su propia naturaleza, una de esas cosas secretas que pertenecen al Señor. Es muy evidente que nuestra conducta, en predicar el evangelio y en dirigirnos a nuestros semejantes con miras a su salvación no debe estar regulado por nuestras propias inferencias acerca de la naturaleza, extensión y suficiencia de la provisión realmente hecha para salvarlos, sino únicamente por las instrucciones que Dios nos ha dado, por precepto y ejemplo, para guiarnos en el asunto– a menos que, en verdad, nos atrevamos a actuar sobre el principio de negarnos a obedecer los mandamientos de Dios, hasta que comprendamos completamente todos los fundamentos y razones de ellos. Dios ha mandado que el evangelio sea predicado a toda criatura, Él nos ha pedido que proclamemos a nuestros semejantes, de cualquier carácter y en toda variedad de circunstancias, las buenas nuevas de gran gozo, que les ofrezcamos, en su nombre, el perdón y la aceptación por medio de la sangre de la expiación– para invitarlos a venir a Cristo y recibirlo, y para acompañar todo esto con la seguridad de que 'todo aquel que a Él viene, no lo echa fuera'. La voluntad revelada de Dios es la única regla, y debe considerarse la garantía suficiente para todo lo que hacemos en este asunto –al decidir cuál es nuestro deber– en dar a conocer a nuestro prójimo cuáles son sus privilegios y obligaciones, y al plantearles razones y motivos para mejorar lo uno y cumplir el otro. Y aunque esta revelación no nos garantiza que les digamos que Cristo murió por todos y cada uno de la raza humana, una forma de predicar el evangelio que nuestro Señor y sus apóstoles nunca adoptaron, sí nos autoriza y nos capacita para poner delante de los hombres los puntos de vista y consideraciones, hechos y argumentos que, con razón, deberían justificar y persuadir a todos a quienes se dirigen, de que se aferren a la esperanza que se les ha presentado, a saber, que se entreguen a la fortaleza como prisioneros de la esperanza». *Historical Theology II*, pág.

344s. Luego pasa a discutir la otra cuestión, y encuentra mucho que podría decirse para probar que Dios, al ofrecer perdón y aceptación a los hombres indiscriminadamente, no actúa de manera inconsistente y engañosa, pero finalmente admite que quedan dificultades que, en último análisis, «simplemente se resuelven en la única gran dificultad de toda religión y de todo sistema de teología, —a saber, reconciliar la inconsistencia entre la supremacía y soberanía de Dios, y el libre albedrío y la responsabilidad del hombre». *Opág. cit. II*, pág. 346.

No hay derecho de asumir que Dios no muestra amor a los réprobos

La cita de Cunningham ya hace evidente que existen ciertas consideraciones que pueden aliviar un poco la dificultad. Las siguientes son algunas de las más importantes:

No tenemos derecho a proceder sobre el supuesto de que el decreto eterno de Dios de pasar por alto un gran número de pecadores por su gracia electiva y condenarlos por sus pecados, implica necesariamente que no tuvo sentimientos de amor y compasión por ellos en absoluto, y que, por lo tanto, los réprobos solo pueden ser visitados por el pecado y la maldición. Esta es una posición no escritural de que Dios no tiene sentimientos de compasión de amor por los réprobos en lo absoluto. Esto es contradicho en numerosos pasajes de la Escritura, que testifican de dicho amor, Génesis 39:5; Salmos 145:9, 15, 16; 36:6; Mateo 5:44, 45; Lucas 6:35, 36; Hechos 14:16, 17; Romanos 2:4, y particularmente pasajes tales como Ezequiel 18:23, 32; 33:11; Mateo 23:37. Bavinck dice correctamente: «Maar ook omgekeerd deelen de reprobati in vele zegeningen, die niet als zoodanig uit het besluit der verwerping, maar uit de goedheid en genade Gods hun toevloeien» (Pero también viceversa, los réprobos comparten muchas bendiciones, que fluyen para ellos no como del decreto de rechazo, sino de la bondad y la gracia de Dios), y cita entre otros también los pasajes citados antes. *Geref. Dogm. II*, pág. 416. Una discusión interesante y sugerente de esta cuestión puede encontrarse en la de R.L. Dabney bajo el título, «Las propuestas de misericordias indistintas de Dios». Él argumenta que la ausencia de una voluntad de Dios para salvar no implica necesariamente la ausencia de compasión. Dice que: «La ausencia de una voluntad omnipotente e inevitablemente eficiente para renovar esa alma (el alma de un réprobo) no prueba la ausencia de una verdadera compasión en Dios para él, y por la misma razón la propensión puede haber estado en Dios, pero restringida de elevarse a una voluntad por motivos racionales superiores», pág. 286. Y de nuevo, después de referirse a algunas invitaciones del evangelio: «Que hay una distinción justa entre la voluntad decretiva y preceptiva de Dios que ninguna persona reflexiva puede negar. Pero planteemos la cuestión así: ¿No expresan todas las súplicas solemnes y tiernas de Dios a los pecadores, como a los no elegidos, más que un propósito de Dios, sin compasión y meramente rectoral, de cumplir su función legislativa para con ellos? Para hablar a la manera de los hombres, ¿todos estos llamamientos aparentemente conmovedores no tienen, después de todo, corazón? No podemos dejar de considerar que es una lógica desafortunada la que obliga a un hombre a este punto de vista sobre ellos. ¿Cuánto más simple y satisfactorio es tomarlos por lo que expresan? Es decir, son pruebas de una verdadera compasión que, sin embargo, se restringe, en el caso de la clase desconocida, los no elegidos, por razones santas y consistentes, de tomar la forma de una voluntad de regenerar, pág. 307.

La expiación de Cristo es suficiente para todos

También es bueno tener en mente, aunque no resuelve el problema, que el sacrificio de Cristo tiene un valor inherente y suficiente para la expiación del pecado de todo el mundo. Los escolásticos estaban acostumbrados a decir que Cristo murió suficientemente por todos los hombres, pero eficazmente por los elegidos. Este lenguaje fue adoptado por algunos teólogos ortodoxos e incluso por Calvino. Pero después de que el alcance de la expiación fue hecho objeto de un estudio especial, los teólogos reformados rechazaron generalmente afirmar la verdad en esa forma, porque da la impresión de que Cristo al morir pretendió que todos los hombres participaran de los efectos debidos de su muerte expiatoria. Prefieren decir que la muerte de Cristo considerada objetivamente y aparte de su designio y propósito, era inherentemente suficiente para todos, aunque eficaz solo para los elegidos. Miley claramente discierne que la verdad de la suficiencia del sacrificio de Cristo así expresada, no resuelve la dificultad. Dice que, si bien le adscribe a la muerte de Cristo algo inherente, no le atribuye una suficiencia real. Aunque suficiente para todos, no estaba destinada para todos. Sin embargo, la afirmación de esta verdad tiene la ventaja de reducir el debate a la intención de Dios y de Cristo.

La oferta de salvación no es una revelación de la voluntad secreta de Dios

Otra consideración que se debe tener en cuenta es que la oferta de salvación no pretende ser una revelación del consejo secreto de Dios. Por tanto, no afecta la veracidad de Dios. Surge de su voluntad de complacencia y expresa aquello en lo que Él se deleita. Dios puede simplemente llamar a los no elegidos a hacer algo en lo que Él se deleita, simplemente porque se deleita en ello. Si bien esta disposición en Dios no termina en una voluntad de salvar al réprobo, no se altera por el decreto de reprobación. «Porque no me complazco en la muerte del que muere, dice el Señor Jehová; por tanto, volveos y vivid». Según Calvino, este pasaje expresa claramente la idea de que Dios no se deleita en la muerte del que perece (el réprobo), sino que quiere que se arrepienta y viva.

La Promesa en el llamado universal es siempre condicional

La promesa contenida en la oferta universal de salvación debe considerarse siempre condicionada a la fe y a la conversión. La promesa del evangelio nunca es una promesa incondicional. Y la condición es de tal naturaleza que el hombre, como es por naturaleza, no puede cumplirla. La fe y la conversión son fruto de la operación del Espíritu Santo. Pero el hecho de que el hombre no pueda obedecer la exigencia del evangelio no lo exime del deber de cumplirlo, como tampoco se puede alegar como una excusa legítima para la desobediencia la incapacidad del hombre para guardar la ley. Y por esa misma razón, el predicador, que se siente obligado a instar al hombre a las exigencias de la ley, también está autorizado y obligado a presentarle las exigencias del evangelio.

El llamado universal no consiste en la declaración de que Cristo murió por todos

La oferta universal de salvación no incluye la declaración de que Cristo hizo expiación por todos los pecadores distributivamente, o que Dios pretende salvar a cada uno de ellos. Consiste en tres partes: (1) Una exposición de la obra de expiación de Cristo como es en sí misma, y aparte de la intención divina, de valor suficiente para redimir a todos. (2) Una descripción de la condición adjunta, es decir, de la verdadera naturaleza del arrepentimiento y de la fe que se requiere en el pecador que viene a Cristo, incluyendo una clara indicación del hecho de que estos son frutos de la obra del Espíritu Santo. (3) Una declaración de que cada uno que viene a Cristo con verdadera fe y arrepentimiento obtendrá las bendiciones del perdón de pecados y la vida eterna.

Louis Berkhof

El predicador no necesita armonizar el consejo secreto de Dios con su voluntad revelada

No es deber del predicador armonizar el consejo secreto de Dios sobre la redención de los pecadores con su voluntad declarativa, como se expresa en la oferta universal de salvación. Es un embajador oficial, cuyo deber es cumplir la voluntad de su Señor al predicar el evangelio de Jesucristo. Su garantía no radica en el consejo secreto de Dios, sino en su voluntad revelada, y más particularmente en la gran comisión. Si en el ejército de Dios sus órdenes de marcha son claras, como lo son, no tiene derecho a desobedecer, simplemente porque no comprende bien cómo la pequeña parte que debe desempeñar encaja con el gran plan del Señor que lo envió, «el capitán de nuestra salvación».

LITERATURA SELECTA

*Armour, Atonement and Law, Philadelphia, 1885.

Barnes, The Atonement, in Its Relation to Law and Moral Government, Philadelphia, 1859.

Brunner, The Mediator, 1934.

Bushnell, The Vicarious Sacrifice, New York, 1866; Forgiveness and Law, ib., 1874.

Campbell, McLeod, The Nature of the Atonement and Its Relation to Remission of Sins and Eternal Life, Cambridge, 1856 (varias ediciones posteriores).

*Candlish, The Atonement, Its Efficacy and Extent, Edinburgh,
1867.

Cave, The Scriptural Doctrine of Sacrifice, Edinburgh, 1890.

*Cochrane, The Moral System and the Atonement, Oberlin, 1883.

*Crawford, The Doctrine of Holy Scripture Respecting the Atonement, Edinburgh, 1871.

Creighton, Law and the Cross, Cincinnati, 1911.

*Cunningham, Historical Theology II, págs. 237–370, Edinburgh, 1870.

*Dabney, Christ our Penal Substitute, Richmond, Va., 1898.
Dale, The Atonement, London, 1874.

*De Jong, De Leer der Verzoening in de Amerikaansche Theologie, Grand Rapids.

Denney, The Christian Doctrine of Reconciliation, New York, 1918.

Faulkner, Modernism and the Christian Faith, págs. 137–166, New York, 1921.

Franks, A History of the Doctrine of the Work of Christ, London.

Godet and Other Authors, The Atonement in Modern Religious Thought, New York, 1902.

Grotius, A Defense of the Catholic Faith Concerning the Satisfaction of Christ, Andover, 1889.

*Hodge, A. A., The Atonement, Philadelphia, 1867.

Jamieson, Discussions on the Atonement, Edinburgh, 1887.

Knudson, The Doctrine of Redemption, New York, 1933.

Lidgett, The Spiritual Principle of the Atonement, Cincinnati.

Mackintosh, Historic Theories of the Atonement, London, 1920.

*Magee, Atonement and Sacrifice, London, 1849.

*Martin, The Atonement, Edinburgh, 1887.

Mathews, The Atonement and the Social Process, New York, 1930.

*Meeter, The Heavenly High Priesthood of Christ, Grand Rapids.

Miley, The Atonement in Christ, New York, 1879.

Moberly, Atonement and Personality, London, 1901.

Mozley, The Doctrine of the Atonement, New York, 1916.

Park, The Atonement, Boston, 1860.

*Remensnyder, The Atonement and Modern Thought, Philadelphia,
1905.

Ritschl., A Critical History of the Christian Doctrine of Justification and Reconciliation, Edinburgh, 1872.

Simon, The Redemption of Man, Edinburgh, 1889.

*Smeaton, Our Lord's Doctrine of the Atonement, Edinburgh, 1871;
The Apostles' Doctrine of the Atonement, 1870.

Smith, David, The Atonement in the Light of History and the
Modern Spirit, London.

Stevens, The Christian Doctrine of Salvation, Edinburgh, 1905.

*Symington, Atonement and Intercession, New York, 1858.

*Turretin, Atonement of Christ, New York, 1859.

*Warfield, Studies in Theology, págs. 261–297, New York, 1932.

www.ingramcontent.com/pod-product-compliance
Lightning Source LLC
Chambersburg PA
CBHW050818160426
43192CB00010B/1814